东成西不就

王小慧

一个国际自由人的跨界对话

人民文学出版社

目　录

自　序

我已经在国外漂泊了二十余年了，别人都称我是“国际自由人”。我一直认为，自由是艺术家最好的状态，有幸能在中德两国文化中浸润也是艺术家最好的机遇。

这些年来，中德双方的媒体都说我是“中德文化的桥梁”，我也常常引以为荣。但我编完这本书以后，脑子里最先冒出来的想法却是：东不成西不就。

这是一个国际自由人，横跨东西方文化的艺术家最大的隐痛与心病。我年轻的时候较为浅薄，偶有心得，便沾沾自喜。但随着岁月流逝，我越往深里走，就越觉得力不从心。我记得前些年见到熊秉明先生，他与吴冠中先生既是同窗又是至交，熊秉明先生旅居法国六十多年，先是画画，后又做雕塑，书法，写作，比较研究东西方艺术。我一直将他奉为大师，在其涉猎的领域，成就都很高，但他晚年却很苦恼，觉得自己一事无成。

那年，他回中国办展览，赢得一片赞誉，在“粉丝”们的包围和无数光环的照耀中，他却显得有点孤独。

我当时不太明白，不过现在觉得慢慢能理解他了。正如他一生踟蹰于“回去”，还是“不回去”那样，他的艺术也一辈子都在东方与西方之间徘徊，走出一条属于自己的路谈何容易。

其实，不仅是熊秉明先生，也是一代一代旅居海外的艺术家难以摆脱的命运。所以，我们熟识的一些名画家多少年不再画画，一些名作家多少年不再写小说，大约也是有同样的困惑。孔子曰“四十而不惑”，而我年龄越长，困惑也越多，不知何时才能从这些困惑中走出来。

我与这本书里的朋友们对话时，还是满怀信心的，但那已经是前几年的事情了。现在，我编完这本书，却反而不如从前自信了。我想，读者从这本书里可以读出我这些年的心路历程。

王小慧

2012 年 5 月

艺术无国界

周国平 / 王小慧

周国平，著名作家、哲学家

艺术与哲学

王小慧：艺术家应当用他的艺术来表达对人生的思考，哪怕仅仅是提出问题。我曾说过，在艺术中真比美更为重要，那些仅仅用技巧来制造美的人，在我眼里不是艺术家，可能只算一个技术高超的手工艺匠。

周国平：对，你说的实际上是指作品的内涵，这是第一位的，如果内涵贫乏，所谓美就只是技艺罢了。

王小慧：那天我给大家讲德国的设计，真正好的设计一定要实用，不实用的设计再漂亮也没有用。“功能第一”是德国的设计方式。

周国平：不把审美也看作是设计功能的一部分吗？

王小慧：那是精神上的功能。有时候设计上的精神功能很重要，我并不反对，但原则是不能妨碍基本的实用功能。如果精神功能和实用功能是有矛盾的，你一定不要牺牲实用功能，能附加精神功能当然更好。那天我在大众汽车的活动上讲德国设计时就说，主持人洪晃的衣服胸前有朵花，花是装饰，装饰就属于精神功能，有了花衣服就好看嘛。但是如果衣服不好穿、不好坐，那就很不实用了，有花也没有价值。

周国平：实际上也会影响审美的，如果你感觉到它妨碍了生活功能的话。

王小慧：反正我讲座的时候，从不回答有关技术的问题。

周国平：工匠很多，艺术家太少了。

王小慧：在中国好多人比较重视工艺性的劳动，比如说油画可以卖很高的价格，因为油画可能要画几个月，摄影就是很快拍出来的东西。很多人把“工”看得很重。可是，好多大师的作品，可能

上页图注：与周国平神聊

就是一个线条，你说那个线条多少时间画出来的？更有甚者，也许是个现成品。最著名的“现成品艺术”的开山鼻祖杜尚用一个小便池作为他的艺术品展出，现在这个小便池价值连城，你说那里有他任何手工在里面吗？他的“工”不是手工，而是脑力劳动，是颠覆性的思维方式，是他在艺术史上不可磨灭的革命性的一步。这些才是真正价值所在。靠手工而提高价值的充其量只是工艺品。就像好的设计可能用便宜的材料甚至是废品做的，在西方价格仍然可以卖得很贵。因为好的设计不是在卖材料，是卖创意。创意与材料之间相差越悬殊，设计应当越好。

周国平：艺术中真与美的关系，实际上涉及哲学与艺术的关系问题。尼采有一个观点，他认为哲学家和艺术家的使命是一样的。大自然为什么要产生哲学家和艺术家？因为在大自然本身的过程中，人类的生存是没有意义的，一切都是没有意义的，这是重大的缺陷，所以需要产生出哲学家和艺术家，来为人类也为大自然创造一种意义。哲学家是从理论上来解释和证明这个意义，艺术家不是这样，他创造出另外一个世界，一个有意义的世界。所以尼采说：艺术是生命本来的形而上活动。不过，艺术家这样做不是有意识的，只是结果——他的作品阐述了生命的意义。真正的艺术大师往往都有一种哲学性质的冲动，只是自己未必意识到。文学家可能意识到，因为他的手段是文字，和哲学家比较接近，画家、摄影家、音乐家等就不会明确地意识到。

王小慧：艺术家可能有这种背景。

周国平：这个背景不是他经历的事情，而可能是一种情绪。

王小慧：艺术家是很直觉地，很感性地，而不是理性地去思考哲学的问题。

周国平：起码他在无意识中有对生命意义的一种关切。哲学无非是两大问题：一个是灵和肉的关系，一个是生和死的关系。其实所有的哲学和宗教说到底都是要解决这两个问题。

王小慧：我没有思考，可是我的好多作品都和这些有关，但不是有意识地去解释哲学问题，而是在无意中反映了哲学问题，或者说碰撞到了哲学问题。

周国平：所以我觉得你许多作品是有哲学意味的。其实哲学不是一门学问，是不是看哲学书不重要，一个好的艺术家本身就有哲学的直觉，对那些有哲学意味的现象、场景、细节，他会有一种敏感，不是思考，而是直觉一下子触到了本质。

王小慧：艺术家有时候碰到了，自己并没有意识到，所以需要哲学家来诠释。

周国平：艺术家应该是直接创造，艺术家有太多的思考反而是坏事。

王小慧：艺术家是不是有义务提出问题？或者说艺术的意义是不是要提出问题？

周国平在看王小慧影像作品

周国平： 关键是用什么方式提出。好的艺术作品都是在提出问题。艺术家没有必要在作品之外去讨论这些问题，那是批评家的事情，让这些没有创作才能的人去讨论吧。尼采特别看不起批评家，他认为批评家是靠艺术家为生的寄生物。

王小慧： 可是现在中国有好多艺术家都依赖批评家。

周国平： 那就不是真艺术家了，他们之间是一种商业的关系。其实，我看人不看他是哲学家、艺术家还是批评家，这些只是社会分工。人和人的根本差别在灵魂，换一种说法，人在精神上是有种的差别的，这种差别实在太大了，并不比人类和其它动物的差别小。不管你从事的是什么工作，你是什么种都一定会表现出来。要说沟通的话，是有一个前提的，先天的东西必须是相互靠近的，才谈得上沟通。

个性和社会责任

王小慧： 我不喜欢现在的这种跟风和模仿，很多艺术家没有自己独立的思考，往往是看什么能有商业价值就去做那一类的作品，甚至更简单地走捷径，看某一类作品走红，就改头换面地抄袭、仿造。我们在艺术博览会上会看到很多作品，远看似乎是某一个艺术家的，走近一看其实不是，而是非常相似的一类作品。这样的作品在我眼里是没有价值的。

周国平： 对，无论在艺术界还是在学术界，都是只有少数人在创造，多数人在制作和仿造。我说的这少数人，一定都是有自己真正的兴趣和想要解决的问题，这使他们的作品具有一种内在的统一性和独特性。如果没有，就只好在外部动机的驱策下从事制作和仿造了。

王小慧： 艺术家必须有个性，在做人上也是这样。曾经有一个德国家庭，是对我影响很大的一家人，他们是收留过我七个月的门可教授和他的雕塑家夫人以及他们很有才华的画家儿子。当他儿子还是一所艺术学院的穷学生的时候，爱上了一个名模，但这个名模对他不屑一顾。于是有一天，那天是愚人节，他打了一个电话给那个名模，说自己是什么制片人，要选演员，想和她谈谈，有一部电影想让她演。那个名模打扮得漂漂亮亮地来赴约了，他给自己贴了假胡子，化妆成一个大牌制片人的样子，这就是他们恋爱的开始，他的别出心裁使他赢得了女孩的芳心。

周国平：女孩受骗了，但发现受骗的滋味很好，这个骗子很可爱。

王小慧：不过这个女孩后来又被他的教授“抢”走了，那个教授是德国最著名的画家之一，此人的个性也是出了名的。为此师生二人绝裂。不过言归正传，艺术要有个性，没有个性也就没有艺术。而艺术的个性首先是因为艺术家有个性，艺术家的个性又往往是与他的才华成正比的，越有才华的艺术家越有个性，甚至往往表现出很多怪癖。他们有超人的才华，这是他们怪癖的资本。还以那位世界最伟大女高音之一的丽莎为例：她单枪匹马闯荡美国，在她第一次得到和大都会歌剧院签约演唱歌剧的机会的时候，她的经纪人要给她开新闻发布会，她拒绝了。她说，如果我不能凭我的声音征服美国，再多的宣传也无济于事。当今我们娱乐圈的现象正好相反，太注重包装，包装里面往往空无一物，甚至是假冒伪劣产品。现在许多艺术家想成名就相信包装，而不是靠自己的实力。也有的艺术家小有名气就要大牌，其实这种“摆谱”根本不是个性。像丽莎这样凭借真实才华表现出来的性格才是真正的个性。在她告别歌坛很多年后，她获得了一个瑞士国家级大奖（她是瑞士人，当时生活在西班牙），她不去领奖。颁奖的人觉得非常奇怪，因为还没有一个得这个奖的人不亲自去瑞士领奖。她一生得过很多奖，但从来不把这些看得重。在很多人看来，这就是怪癖。但是我能理解，我跟她深入交谈过。她从心底鄙视所谓的荣誉，至少那些对她的生活无足轻重，她真正看重的是平凡生活。对于她来说，她的先生晚上陪她一起入睡，睡前对她说“我爱你”，且几十年如一日，否则她难以入睡。这些对她来说才是最重要的。

周国平：我很欣赏你说的这位艺术家。真正有个性的人一定是非常真实的，他只是顺应自己的真实秉性做人和处世，习俗和舆论都不能影响他，甚至根本不在他的视野范围之内。有没有怪癖不是标准，我倒觉得，伟大个性的共同特征是绚烂之极归于平淡，我称之为丰富的单纯。

王小慧：由个性问题我想到艺术家的自我与社会的关系。大家都在谈论艺术家的社会责任，但我很难想象一个艺术家只关心社会，不关心个人，他的艺术是种什么东西？这一点我得听听你的意见了。

周国平：我认为自我始终应该是一个核心，这个自我是精神性的自我，和灵魂同义。我不相信灵魂中没有问题的人，灵魂中没有问题，就等于没有灵魂。你仔细看就会发现，灵魂中的问题其实都是人类精神的共同问题。所以，所谓灵魂其实就是人类精神在个体

给周国平念日记本上记录的梦境

身上的存在形式。那么，当一个人关心自己灵魂中的问题并且试图解决它们的时候，他实际上就是走在人类精神探索的道路上了。只有这样，你在关心社会问题的时候才会有一个方向，一种基本的价值观。你说你关心社会，可是如果你不关心你自己的灵魂，我就有理由怀疑你的所谓关心社会究竟是为了什么，这种关心既然没有精神上的动机，就只能是功利上的动机了。

王小慧：作为学者，你们是怎样做的？

周国平：基本上是两种方式。一种是比较单纯地做学术，就是弄个课题，找资料做分析，写成论文或专著之类。另一种就是关心社会。有部分人有点像幕僚，接受政府部门的订单，调查研究，出谋划策，还有一部分人则作为在野人士，对社会问题积极发表言论，指点江山。这些人表现出一种社会使命感，在一段时间里往往也能成为社会上的风云人物。我和这两种都不太一样：学术也做一些，比如翻译和研究尼采；言论也发一些，比如批评现行教育。但更多是关注人生问题和精神生活问题，写这方面的文章。

王小慧：你怎么看这些有社会使命感的人呢，不管是学者还是艺术家？

周国平：应该有社会使命感，但是使命感不应该是外在的。我发现，相当一些所谓有社会使命感的人，他们往往带有功利目的，追名逐利。比如引起当局的注意，不同方式的注意，喜欢或是讨厌。讨厌也是一种方式，真有人是借此牟利的。

王小慧：我记得有一幅漫画，画一个作家脱了裤子，撅着屁股，说："赶快打我吧，我好出名啊！"

周国平：这很形象。我不认为我不关心社会，但我有我关心的方式，而且从实际效果来看，我对社会是有好的影响的，这从青年人对我的书的反映就可以看出来。不过，这也不是我所追求的，我从来没想过要做一个青年导师，我做不了，这个称号完全不适合我。

我这个人是很个人化的，我跟你一样，只是做着自己喜欢的事罢了。我写作是因为我觉得有乐趣。当然我不是没有动机的，动机是要解决我自己内心的问题。我这个人从小就是一个多愁善感、比较脆弱的人，容易想不开，所以就使劲地想啊写啊。不是写文章，在很长的时间里是写日记。写作成为我的职业是很晚的事情。

王小慧：如果我要关心社会，我不会直白地去说，我也是用艺术的形式表现出来，比如说《上海女孩》，它是表现当前上海女孩的生存状态和精神状态的。我知道前些时候有的艺术家在网上拍卖三鹿奶粉，我认为太直接了，我宁愿和现实拉开一点距离。如果说作为艺术家有社会责任，我宁愿去搞我的艺术品拍卖，然后真的把钱捐给需要的人。反正我觉得没必要直接去做社会学家、心理学家，甚至统计学家做的事情，这不是我的方式。

周国平：这也许有社会意义，但不是艺术。

王小慧：有的人认为是艺术，或者认为是当代的艺术。

周国平：因为直接介入社会?

王小慧：对，直接介入社会。

周国平：像这样的问题一直是有很多争论的。比如说，第二次世界大战时候的法国，萨特和加缪都是优秀的哲学家、文学家，在这个问题上就争论得很激烈。萨特强调介入，直接在现场。他很受青年爱戴，是一个偶像级的人物。他人格很好，也确实讨人喜欢。加缪则认为，作为文学家不应该直接介入，应该用作品来说话。我同意他的看法，作为一个作家，你应该去写你的灵魂对社会问题的感应，而不是直接参加社会活动。后来他们两个人都参加了抵抗运动，萨特认为理应如此，加缪认为是形势所迫，作为一个公民不得不站出来。我认为，凡是从事精神工作的人，不论是哲学家、作家、艺术家，和这个社会都是应该有距离的。起码可以这样说：当你直接介入社会活动的时候，你不是作为艺术家，而是作为社会活动家。所以我不喜欢现在的许多行为艺术，其中不乏哗众取宠之辈。艺术家还是要管好自己的灵魂，管好自己的自留地，有灵魂和自留地就行了，你是带着灵魂去种地的。光是自留地，没有灵魂，当然是很浅薄的。一个有正义感的人，一个正真的人，他对社会问题总是有反应的，总是会在作品中表现出来的。当然也可以直接表现社会的题材，但是一定要用艺术的方式。

王小慧：一是要用艺术的方式，二要有意思，不要为了社会责任而做。还有一点，我觉得艺术家还是要纯粹一点。

周国平：动机如果是为了功利，为了引起注意，这是卑鄙的。为了显示自己有承担，有社会责任感，这是做作的，是在演戏。动机必须是真诚的，真正感觉到有切肤之痛。评判的标准是艺术，并不是你表达了社会题材就是好作品，表达社会题材也可能是垃圾。

王小慧：艺术史上有人因为参与了社会问题而出名了，一些人觉得这是捷径，这是因为他们没有毕加索那样的天份。

周国平：动机不纯，能力又不足。

王小慧：还有就是耐不住寂寞，我觉得真正的艺术家是能耐得住寂寞的。

周国平：从事精神劳动的人都必须有这个品质。你可以参加社会活动，但是真正的创作一定是在寂寞中完成的。

王小慧：包括心态，如果受太多干扰，没有平静的心态，就不会有好的创作。现在好多年轻艺术家还未出道就在挖空心思想如何走捷径，如何趁早出名，这实在是很糟糕的现象。

周国平：关于知识分子的社会责任，我再说几句。我认为应该有这样的担当，但是出发点必须是一种精神关切，用我的话说，就是做一个守望者，守护人类的基本精神价值，瞭望社会进程的精神走向。我发现那些一心要做风云人物的人，相当一部分其实是没有操守的，他们不停地在变，昨天鼓吹西化，今天捍卫国粹；昨天强调变革，今天赞美体制。我从这里就做出了一个判断，他们的所谓关心社会是很功利的，灵魂中完全没有根基。我曾把中国知识分子和俄罗斯知识分子做比较，像托尔斯泰、陀思妥那夫斯基这样的大作家，车尔尼雪夫斯基、别林斯基这样的批评家，他们都是非常关心社会的，但你看他们的作品就知道，个个灵魂里都充满痛苦的追问，都有广阔而深邃的个人精神生活。中国的作家、学者有几个是这样的？可是大家都争先恐后地要在社会问题上发言。艺术家的道理也是一样的，如果没有灵魂生活，不关注精神价值，所谓关心社会就只是一种表演，而且往往是有利可图的表演。那个评论家说“从小”我到“大我”，如果“小我”是指个人灵魂，“大我”是指社会关切，那么，前提是首先得有饱满的“小我”，然后才会有真实的“大我”，如果“小我”是空洞的，“大我”就绝对是虚假的。

王小慧：对，对，讲得真是太精彩了。

周国平：很多人是没有精神性自我的，我觉得这是中国文化的一个毛病，不光是从现在开始的。

王小慧：你觉得不是现在才有的？我以为你是在说现在。

周国平：现在的商业环境中更严重了，但不是现在才有的。在

书展签售会上演讲

中国的文化传统中，有两样东西是没有地位的，一个是上帝，上帝是一个符号，其实代表最高精神价值；另一个是个人。我们从来只重视社会，为了社会的稳定，把上帝和个人都牺牲掉了。“修身、齐家、治国、平天下”这一套东西，其中哪里有个人灵魂生活的影子？西方文化是把上帝和个人看得比社会更重要的，社会应该为精神价值和个人自由服务，而那样的社会恰恰是高质量的。世界历史上的四大导师，苏格拉底、耶稣、佛陀都是灵魂导师，而孔子只是伦理导师。你在中国历史上能找到一个灵魂导师吗？根本没有。

王小慧：艺术家有没有责任解答现实社会的问题呢？

周国平：我的回答是没有。

王小慧：我也挺困惑的，过去我不太关心社会，只关心我自己的心灵，但被看做是太个人化。我也在怀疑自己是否应多关心社会问题，否则就是缺乏责任心。

周国平：这不是责任的问题，如果你作为责任去做，肯定是坏的艺术。如果一个艺术家是敏锐的，生活在这个时代，他会感受的，在作品中会表达出来的，这是个自然的过程，从结果来看，有社会意义。不应该是追求的，而是自然的。

最好的文化是无国界的

周国平：你是一个中国艺术家，却是先在西方获得成功再回到中国来的，这样的例子不太多。你在西方做艺术的体会是什么？

王小慧：在当今西方中心的强势文化中，一个东方艺术家要获得认同，首先靠的是独特的“自我身份”，否则会被淹没在成千上万艺术家的大海里，那个大海是无情的。无论在巴黎、纽约或柏林，多少来自世界各国的艺术家聚集在那里，用我那位大牌艺术经纪人的话来说，是比海边的沙子还多，有很多还在为基本的生活而奔波甚至说在挣扎，谈不上随心所欲地自由创作。有很多人在等待机会，等待着被发现，被接纳，被认同。就像作家祖慰在一篇对我的艺术的评论中描述的，去西天取经的人无数，能有几个像唐三藏那样修成正果？有些人一辈子就在等待中度过，更有些人半途而废，失望而归。在这个过程中始终能保持清醒的头脑，坚持自我，并不那么容易，就像在大海里游泳既要认明方向又不能溺水一样。

周国平：的确不容易，如果我在西方混，一定会被淹没。西方人怎么看你的作品？

王小慧：中国人看我的作品很现代，很前卫，很西化。西方人看我的作品却很含蓄，很有东方味。我个人觉得我的作品有东方的血脉，又有西方的营养，既亦此亦彼，也非此非彼，说到底是我自己的个人化的东西。

周国平：对，我一直认为，最好的文化是无国籍的。人同此心，心同此理，关键是要凭借你的独特的个性领悟普遍的人性，对人性有新的认识和表达。从空间来说，好的艺术应该能贯通东方和西方，从时间来说，艺术家的个体创作与历史传统之间也应该有一种连贯性。我自己感到，我的哲学思考是离不开历史上哲学大师的思想滋养的。

王小慧：我的工作室家具是我自己设计的，其中三个大桌子可以印证你以上观点，黑色木质桌子中间有一条不锈钢带，上面用中英文刻着许多东西方古往今来的大哲学家、思想家或是作家的名言——你会发现，他们虽然相隔万里，有的时代有数百年之差，互不相识甚至没听说过对方，但说出的话语有异曲同工之妙。

周国平：你喜欢看什么样的书？

王小慧：很惭愧，我看的书很少的，我说我连草也没有吃就得挤奶，哈哈。不过如果看书我喜欢看不晦涩、易读、文笔好的，比如你的书。过去《走向未来》丛书我很喜欢，它用通俗的语言讲述一些东西，看了能懂能记住。还有些小说像王安忆的《长恨歌》、余华的《许三观卖血记》或是翻译本《廊桥遗梦》等等，当然我很少有时间看小说。

周国平：德国是哲学之国啊。

王小慧：我是感性的人，会花很多时间写梦啊、情感啊，对外头的事情不太关心。以前我看展览都很少，像威尼斯双年展这样的艺术盛会，我是这几年才开始关注的。人扎堆儿的地方我就不愿意去，宁愿自己在家里待着。也不看报纸，我其实是很封闭的一个人。

周国平：这就对了，报纸、电视什么的，如果你喜欢看，看得下去，你就不是一个艺术家了。好书还是应该看，不看可惜了。有没有对你影响比较大的艺术家？比如你谈到康定斯基，你很喜欢他吗？

王小慧：我喜欢他，特别欣赏他的人格和对艺术的坚持。好像有点“砍头不要紧，只要主义真”的劲头。他的学派是在慕尼黑发展的，慕尼黑有他的美术馆。他的风格走到抽象时当年被纳粹视为毒药，被公开批判。他说他自己在被人吐过唾沫的画布上继续作画——这种坚持精神真的很伟大，很难得。中国“文革”时有多少文人艺术家迫于政治压力而妥协甚至背叛呢？不过他与其他不少我喜欢的艺术家一样，并没有对我产生特别的影响。我觉得自己一生还没有特别崇拜过某一个人，我没有偶像，从小到大都没有。当然我也没有系统地学过艺术，除了建筑学是科班，其他我后来做过的任何事情，我都没有系统地学过。

周国平：这也可以是优点，未必是你的缺点。

王小慧：我觉得是我的弯路。我这一辈子就是在走各种的弯路，没有真的朝着一个目标去走。我也喜欢这样，像漫游一样，比如在意大利的小渔村，或者西班牙的海边，看到喜欢的就待下来了。我喜欢这种状态，这种漫游状态的人生之旅。可是，现在的社会很讲究目的性，大家不断在讲如何在更短时间内追求最大的效益，讲“增长速度”，讲“出名要趁早”，讲“包装上市”（指艺人、艺术家特定意义上的“包装上市”）。所以可以说，我是严格意义上的自由艺术家，跨越边界的不同方式，我都愿意尝试，我也不在乎这样尝试的结果是成功还是不成功。我真的很重视自己的感受，我喜欢的事情，我就执着地去做。哪怕别人都说不好，我可能还会坚持，当然我有时候也会反省一下，看自己是否做得不对。

周国平：许多艺术家有一种焦虑，历史上大师太多了，很难摆脱他们的影响，再有新的突破了。你就没有受到某些艺术大师的影响？

王小慧：我觉得没有，因为我根本就没研究过他们。我喜欢创作力旺盛那一类型的艺术家，比如说毕加索，他这辈子创作的跨度这么大，涉及那么多流派，那么多风格，那么多样式，每一种他的成就都极高，这本身就已经很不得了了，至于他人格上有什么缺点，我都觉得无所谓，和艺术成就相比是微不足道的。还有那个刚才提到过的建筑师勒·科比意，他的建筑你可能会觉得很丑，但是他一辈子都在不断地创新，不断地在做各种各样的东西，绝不重复。这种能够不断超越自己的艺术家，我是最赞赏的。

周国平：看来你没有那种所谓“影响的焦虑”。

王小慧：我拍的电影，有的人会说像某一个大师的作品，可是那个大师的电影我连看都没看过，甚至连听都没听说过。你说这是表扬吗？刚出道的时候，我会生气，但是时间长了，就当个表扬来听吧。

周国平：你的这种状态挺好，凭自己的直觉来创作。

王小慧：你看过我的电影《破碎的月亮》吗？全部都是用大电影的技术和班子来做的，最后的完成片却是一个十五分钟的短片。电视台和报纸采访我的时候，他们就说特别像俄罗斯一个电影大师的作品，现在我又把他的名字给忘记了。后来也没去看他的作品。我说我根本不知道这个大师，他们就觉得你没有说真话，你用的就是人家的镜头语言和镜头感觉。上周我在广州碰到一个做纪录片的，她说拍过六个纪录片，她让摄像师一个镜头一个镜头看我的《破碎的月亮》，分析我是怎样运用镜头的，她们觉得我镜头用得太讲究了。我可没这么研究过别人的电影。你知道，那时中国还没改革开放，怎么可能看到大师拍的电影？他们也不想想，当时我什么都没学过，只是电影学院的旁听生，随便写了这样一个小剧本，拿到了巴伐利亚州的剧本奖，有了这笔钱才能拍这个片子。

周国平：你做这个片子的时候还在德国上学吧？

王小慧：对，当时虽然在工业大学建筑系里写博士论文，但一心就是想读艺术学院，学音乐也可以，但电影最好。

周国平：电影把你所有的爱好都综合了。电影本身有综合性，各种元素组合在了一起。

王小慧：包括视觉的、音乐的、文学的……我特别喜欢电影，但那时候没机会去读电影专业了，就拿到了电影学院旁听的资格。这也不容易，全年也就只有三个名额。我的剧本他们觉得特别好，就被推荐参加政府电影奖的评选，结果没想到得奖了。上剧本课的时候，我谈到自己有一个创意，我最早是想写梦，梦游者或者梦本

与周国平在书展讲座上回答观众提问

身的，最开始的梦也没有那么完整。我想表现生、死、爱这三样对我来说挺重要的东西，我还想表现陌生感和疏离感。这城市对于女主人公是陌生的，她对于这城市也是陌生的，她看场景都是从窗户看过去。为了拍这个窗户，我跑遍了慕尼黑。他们的窗户都很高，都有地下室，房子都很结实，一楼的窗子在马路上走是看不进去的。最后找了个酒吧，窗户是事后人为挖低的。到后来当然是发展出了更多场景，特别是开头和结尾，我把月亮这个中国的元素放进去了。“床前明月光”的意象从一开始就有，一个人睡不着觉，梦游，跟思乡的情结有关。她最后的那种恐惧啊、那种逃避啊、包括在十字路口站着不知何去何从啊，都是我当时的心情写照。那是1993年，出了车祸没多久，非常彷徨。她寻寻觅觅，不知道往哪儿走，有些东西让她震惊，也有东西让她向往……她不断地设问，问了自己很多问题。所以德国人评语上说这是一个让人沉思的电影。它没有情节的紧张度，是慢节奏的影片，但是并没有让你觉得节奏慢就没意思了，它一直能抓住你。

周国平：我看了感觉也很好。很安静，很慢，但是情绪很浓。挺大师的啊。

王小慧：十五年前的东西了，那时候特纯，现在做东西可能就没那么纯了。

周国平：你是有电影才华的。我觉得你还是应该做电影，不做太可惜了。

王小慧：我是特别有兴趣拍电影，很多事情我都有兴趣，我觉得我会做得不错的。最后想想，好多事情只要别人能做，自己就不用做了，哈哈，没时间。但如果要拍，我不会拍商业电影，我还是拍纯艺术的、小众的电影。你想象一下，如果不是在这个小电脑里看，是电影院里立体声、宽银幕、大胶片的那种，是什么感觉。比如像这么一条街的照明，要从早晨布光布到晚上，就为了她在这里走几秒钟——电影里只有几秒钟。有时经费非常有限，经费少对拍电影来说是致命的。当时政府给我的剧本奖那点钱全部用在拍摄本身了，因此没有人拿报酬，一群理想主义的年轻人在一起忙了一个多月拍出来。那时我们平均年龄应当是二十多岁吧，大部分还是电影学院的学生或是我这样的电影发烧友。所以当时我特别生气电视台评论的一句话，好像是说我没有看过俄罗斯那个大师的作品，难道大师影像是穿墙破壁钻到她脑子里的吗？他一方面夸奖我的东西怎么好，但又提到一位俄罗斯的大师，说镜头语言完全是那个人的，说我受他影响根深蒂固，我可是太冤枉了。

周国平：我也有这样的遭遇，写出一句话，觉得特别得意，后来发现某位大师写过类似的话。不同的人在不同的海滩上捡到相同的宝贝，这是文化史上常有的事情。遇到这种情况，一方面是高兴，因为大师证明了我的水准；另一方面是遗憾，因为发现不是我的独创。不过，总体上是高兴，是好东西就行了，是不是独创有什么要紧呢。

王小慧：可惜啊。在艺术圈他们可不那么想。虽然我不高兴某些人只是断章取义地从形式上判断。比如他们说我拍的花像奥姬芙的画，他们并没有认真研究我们其实是相去甚远的，想表达的东西也完全不同，只不过都是近距离看花的一种方法，那只是一个基本的方式。当然我今后应更加努力地去多看多学习，避免类似情况发生。

艺术与财富人生

叶　蓉／王小慧

叶蓉，上海东方卫视女主播，《财富人生》节目主持人

叶　蓉：首先要恭喜你小慧，我知道你刚刚在你的家乡天津举办了一次大型的艺术展览对吧？

王小慧：对。

叶　蓉：听说这可能是中国艺术家举办的最大的一次个展，是这么回事吗？

王小慧：我没有特别地比较过，但是我想不管是在德国还是在中国还是在全世界，一个活着的艺术家能在她有生之年，而且还没到七老八十的时候，举办这么大规模的展览应该是很少见的。

叶　蓉：这个展览中除了如莫奈作品般的摄影作品之外，还有一些现代的艺术装置啊，包括一些雕塑作品，是这样吗？

王小慧：这次展览非常全面，有影像的、摄影的，还有我过去拍的一些纪录片、艺术片，以及雕塑作品。另外还有一个文献厅，是我所有出版过的书、发表过的东西，各种海报，还有一些别人对我的评论等，很全面。

叶　蓉：总共有十个展厅，是这样吧？

王小慧：对，十个展厅。五层楼。整个美术馆。

叶　蓉：那我在想，如果有人在展览中觉得你的作品不错，想收藏的话，可以购买吗？

王小慧：艺术展览分为两大类：一类是在画廊的那种商业展，还有一类就是这种美术馆的展。美术馆是不能够直接买卖的，它不是商业性的行为，是学术性的。也因为是美术馆展览，公众可以看到，我们可以搞研讨会，有很多的媒体来报道。很多收藏家也通过这个艺术家曾经在哪些美术馆办过展览来评定这个艺术家的“档次”。然后还有艺术博览会啊，艺术拍卖会啊等等。

叶　蓉：我听陈逸飞先生讲过，他在哈墨画廊（Hammer Galleries）

上页图注：历峰集团全球主席 Jochen Rupert 为他的私人美术馆收藏了这幅 15 米长的长卷《我的前世今生》

办第一次展览的时候，第二天早上过去，看到二十多幅作品下面都有一个红点，意味着这幅画已经被人订购了，你有过类似的体验吗？

王小慧： 有啊。有人购买作品当然会很高兴，证明你的作品被人欣赏，虽然销售本身并不是最重要的。我有过几次展览作品全部售罄的情况，一次是在瑞士的“大师艺术节”展览上，那次展览是我的个展，因为当时他们为我举办了“向王小慧致敬”的专卖晚会，又给了我一个“明星艺术家”大奖，所以那几天我真的像个明星一样，许多收藏家趋之若骛。那次作品不仅全部卖光，甚至出现最后一张作品两个买家争抢的情况。还有两次是在伦敦的画廊展和历峰集团的年会上，也是展品全卖光了。当然这都是近几年的事。

叶　蓉： 小慧的画如果到市场当中被人收藏的话，最高的价格到过多少？

王小慧： 摄影作品可以从几万到几十万，根据作品的质量和尺寸，有限的数量等等。雕塑作品更贵些，从十几万到几百万。

叶　蓉： 前一段时间，李安先生的《色戒》推出之后，舆论界众说纷纭。他在接受记者采访的时候，谈到了一个他早年在美国拍电影时讲过的一段话，他说，最开始他也没有这么高的知名度，更多是太太在资助他的生活。而且一部电影拍出来以后，他会做很多宣传推广方面的营销工作，这是不得已。你也会碰到类似的情况吗？

王小慧： 过去很多年，我大部分时间都是完全随心所欲地去创作，从来没有考虑过去经营。我最早在法国卖的是一张人体作品，就是二十多年前一张 A4 纸大小的照片，卖了一千六百法郎，印象中比我当时一个月的奖学金还要高。当时我还不知道，这还可以买卖。可是后来我就再没有继续去拍人体了，好多人都说很可惜。甚至有艺术出版社来约稿让我做人体的画册，我都说没兴趣了。当时我就想拍抽象的作品，也拍肖像。后来很多人说抽象的或者肖像摄

在国际金融会议上作关于艺术品投资的主题演讲

影哪有人体摄影好卖啊。再晚些时不少人喜欢我拍的花，花是卖得很好的一个系列，但我后来也没继续拍它。又转向新的题材。

叶　蓉：那么小慧所关注的题材根据什么变化?

王小慧：倾听心灵的呼声。就是做你自己真正想做的事，也就是咱们说的随心所欲。不是因为这个题材卖得好就多拍。

叶　蓉：有一种说法，就是现在艺术界不太好的一种倾向，就是说可能在看这个人的作品之前，先去看名字是谁。这个艺术家有名了，他的商业价值可能也就更大。

王小慧：可能全世界都是这样子。很多人会这样说，买艺术品其实是买名字。也就是说，很多人宁愿去买一个有名的艺术家比较差的作品，也不去买一些没有名的艺术家优秀的作品。这种现象我不赞赏，因为你其实最后买的是这件艺术品，喜欢这件艺术品，而不是艺术家的名字。我宁愿买一个普通艺术家的优秀作品，也不会买一个著名艺术家三四流的作品。当然从投资的角度看这样风险大些。

艺术品投资

王小慧：我觉得投资艺术品是需要理性分析的。因为有些艺术家，身价已经特别贵了，就像买股票一样，价位太高了，可能那的确是件好作品，但你是在最贵时买的，从投资的角度看是很不明智的。所以即使是一个好的股票，你选的时间也很重要，看它的价位也很重要。还有一些可能不太有名的人，你真的相信这个人的作品非常好，那也可以投入。我认为要全面地分析一个艺术家，看他到底值不值得投资。包括考察一个人的人品，他的诚信度，他是否够努力等等，都是参考值。

为什么我觉得中国投资摄影作品特别好，是因为摄影目前在中国的价值普遍偏低，油画却高到连外国人都觉得不可思议的地步。如果几千万买一张当代的油画，我觉得升值空间可以说真的没有多少。而摄影作品升值空间非常高。在国外有些已经几百万美金了，在中国都还只有几千、几万、最高的也就二三十万元。有时候有些好的艺术家，随手画的一条线、一个草稿，虽然现在也拍卖得很贵，当然如果你特别喜欢的话，我觉得也无可非议。但如果只是作为一项艺术投资，我就不是很赞赏，当然这里有个商业价值和真正的艺术价值之间的平衡问题。

叶　蓉：今天的小慧很有名啊，有没有尝到名气给你带来的种种便利，或者说商业上一些超过你预期的回报呢？

王小慧：当然是有的。在欧洲人们会说我不太像个艺术家，有点像一个“艺术明星”，或者是“文化明星”，所以很多的时尚杂志、日报、晚报等经常会报道我的一些行踪。事实上知名度高对我来说可能不见得不好，因为一方面我的艺术和我的人生太分不开，所以多了解我的人生也会更多地了解和理解我的艺术作品。另一方面收藏家中有许多还是很重视艺术家的名气的。有名的艺术家他们买作品时信心大，底气足。所以实事求是说我还是受益者。

父亲母亲的影响

叶　蓉：小慧，你第一次接触到照相机是什么时候？

王小慧：那可能是十岁左右吧，我记不清了。但我能找到的最早我拍下的照片，是在我十三岁的时候拍的。

叶　蓉：我觉得女孩子对摄影感兴趣的不多，至少没有男孩子比例那么高吧。你最开始怎么会有这样一个爱好的，因为我知道你妈妈是弹钢琴的，对吗？

王小慧：我妈妈是作曲家。

叶　蓉：那我会觉得，你可能有更多的机会接触到音乐。

王小慧：是的，我其实挺喜欢音乐的，但我妈妈当时是禁止我碰钢琴的。因为我们家政治条件不好。“文革”的时候很危险，所以怕琴声被人听到，要是红卫兵听到的话会把它砸了。妈妈把琴锁起来不许我弹，实际上摄影可能是当时很少的选择之一吧。那时候，没有任何业余的文化生活。小说就那么几本，我还记得有什么《林海雪原》、《钢铁是怎样炼成的》等等。电影也只有那几个，“八个革命样板戏”，还有点什么《列宁在十月》、《列宁在一九一八》之类的。当时的情形就像姜文拍的电影《阳光灿烂的日子》所描述的，我们有过剩的精力，但无所事事，生活非常枯燥。当时很偶然地发现照相这件事能够给我带来那么多的乐趣，所以就疯狂地爱上了它。

叶　蓉：我知道在你十三岁的时候，你父亲就送了一架相机给你作为生日礼物。我觉得在当时的物质条件下，这还是蛮奢侈的一个行为，至少是很宠爱这个女儿。

王小慧：我爸爸的同事有一句话来形容他，“如果小慧想要月亮的话，她爸爸就会到处去找梯子”。他对我的宠爱是出名的。我十分感激父亲对我那么好。我所能找到的最早的作品，是我十三岁时，父亲用自行车载着拍摄完成的。我当时没有想到，这儿时的一件礼物，对我的一生，有这么重要的影响。

叶　蓉：听说你的母亲跟你一样，也是一位非常具有传奇色彩的女性。

王小慧：对，我妈妈的故事非常传奇。九十年代我在德国写过一本书，叫做《七位中国女性》，其中一位就是我妈妈。在德国我们经常开文学作品朗诵会，邀请方常常指定要我朗诵我妈妈的故事，因为她的故事给人印象最为深刻。甚至现场男人都会流泪！要知道德国人的感情是不轻易表露的，他们是非常理性的民族。她的故事大家觉得就像一部小说，而且有人真的建议要改编戏剧，改编电影。她的故事远远比我的自传《我的视觉日记》精彩。

叶　蓉：我知道你母亲跟你好像很像，不，你跟你母亲很像，而且你们嗓音都很像是吗？

王小慧：对，我和妈妈声音特别像。我们很多年都是通过录音交流的。因为刚出国时没有自己的电话，不像现在这么方便，即使打公用电话，国际长途也很贵。传真、电邮当时更谈不上。写信太慢，也写不了那么多，所以我就总是拿一个录音机随时录音。她回答我也用录音机录。我们就那样相互寄录音代家书，或者有朋友来德国或回中国的时候请他们带。所以她存了一整大箱。后来有一次我很偶然听到妈妈在听我的磁带，我误以为是她的声音，妈妈说那是我的声音。我们录音的声音特别像。

叶　蓉：你与母亲的人生有许多相似处。你说你跟你母亲很像，你觉得是一种下意识地去印证呢，还是也有过反抗挣扎？觉得我希望走另外一条路？

王小慧：我觉得这就是命，我很相信命。我妈妈叫徐慧林，也是智慧的慧，智慧之林。我爸爸给我取名字叫小慧，就是说我是她的一部分。我妈妈最大的理想是做一个学者，最后她也达成了心愿，她希望我走的也是学者的道路。我记得文革时，她把家里所有值钱的东西全部都卖掉了，包括她的手表、毛皮大衣等等，除了钢琴还保留以外。然后买什么呢？买了一个显微镜，还买了很多的试管和很多农业科学的书。她说我们去帮助农民科学种田。我们当时认为是没有其他出路的，就是说我们一定是要下乡的。我们家里放满了各种试管，培养了许多菌之类的。她让我学习居里夫人，学米丘林（Michurin）、达尔文。

叶 蓉：你妈妈其实是在用她的力量，想把你带到另外一条人生道路中去。

王小慧：对，我其实是反抗的，至少是暗地里反抗的。我不想做。

叶 蓉：你的这种反抗，刚好可以走上妈妈不愿意你走的那条道路。

王小慧：对的。但“强扭的瓜不甜”啊。

叶 蓉：碰到这么大一场人生变故之后，今天展现在我们面前

在瑞士圣·莫瑞兹“大师艺术节”上获“明星艺术家”奖后朋友们前来祝贺

的王小慧找到了自我，也成就了自我。但我想问的是，在那段最艰难的时候，我不知道用什么样的颜色来形容那段岁月，可能我能想到的是黑，或者说灰暗，或者干脆就没有颜色，那么样的一段时光，你用了多长时间？

王小慧：其实好多年了，我觉得我曾经在书里写过一个章节叫作“推迟了七年的书”，我觉得这七年，基本上就是自我完全封闭的一段时间。你刚才说到黑色，我觉得那是挺准确的一个颜色。我好像把自己关到了黑匣子里。后来有一位艺术评论家特别分析过，我那段时间的作品为什么全是黑白的。后来就是在1995年以后，我忽然开始拍彩色的照片，这些都是很大的转变。而且我好像完全变了一个人。以前创作的都是关于“死亡的联想”、“孤独”、“恐惧”等等题材，还有“洗去血迹”系列啊，或者“人际关系”系列，总之很多很多这类主题的作品。比较消沉，悲哀。1995年以后拍摄的是比如说“花之灵·性”系列啦，或者是“本质之光”啦，都是非常美好的，色彩鲜活的，非常有生命力的一些作品。

叶　蓉：生命的再度焕发，这样的一个改变是时间给你带来的呢？还是人和事情的发生？

王小慧：很长时间我一直把自己封闭起来，而且觉得好像很理所应当的。我觉得中国人好像真的有一种骨子里的痛苦倾向。那时候我真是痛苦的不得了。人们都说法国人浪漫，意大利人豪放，北欧人冷漠等等，我觉得是有道理的，每个民族都有他的民族特征。我的“顿悟”是在1995年去意大利。其实之前我去过很多次，但是那次是去意大利南部，叫拿波里（Napoli），朋友邀我去她的室内音乐节。意大利南北部的人性格不同，给人感觉也完全不同。

我这个朋友莫妮卡是著名的钢琴家。我答应去参加她的音乐节，而那次旅行给我整个人生带来的变化连她自己都不知道。就觉得我太痛苦，她觉得这样子不行。然后我没想到在那短短几天时间里，改变了我的整个人生。

我忽然就觉得人怎么可以生活得这么轻松，这么愉快。我记得有一幅漫画：一个人打着伞，伞里面在下雨，外面是晴天。这幅漫画特别好，突然给了我启迪。我给自己制造了一个特别痛苦的小环境，而外面还有很多很多美好的东西，我却不去感受它们。那几天我收掉了自己那把痛苦的伞，此后我就不断地去旅行，旅行了整整5年！就是全世界到处跑，我发现旅行可以给我带来那么多快乐，为什么我一定要守在自己痛苦的小屋里去折磨自己呢。

叶　蓉：是不是搞艺术的人或者说极富艺术气质的人，会比其他类型的人更容易感伤，或者是懂得品尝那种痛苦所带来的一种审美过程。这种过程可能会自我陶醉，哪怕自己会受苦。

王小慧：我想一个艺术家肯定比别人较敏感，尤其我又是女性，然后再加上我这样经历的人，本来就比较特别。我觉得我的心灵有很多特别软弱的地方，有的时候就喜欢把自己裹起来想不受伤，实际上是恐惧，怕受伤，因为“伤不起”啊。

叶　蓉：如果可以选择，你会选择哪样一种生活方式？

王小慧：如果可以，我还选择做艺术家，因为那是比较自由、随心所欲的生活。

叶　蓉：我曾经采访过张天爱女士，或者说异常美丽的女性，但是我在读完她的故事后觉得这不是寻常女子可以品尝的那种欢乐和痛苦。我现在访问您，也有这种感觉。所以很多电视机前的普通女性会觉得自己的生活可能太平淡了，但是如果真的要去承受像您所经历过的人生，也不是人人都有那个“酒量”的。呵呵。

王小慧：对。许多人生中刻骨铭心的东西，不是每个人都有机会去品尝的。但是真的去品尝了以后，就会觉得真是太费心力了。我们有时候说心力交瘁，实际上就好像是真的再生过一次一样。

叶　蓉：你的生命也像凤凰涅槃一般，燃烧化为灰烬而后重生的过程。

And my beloved mother, who sits by the tree
九边界
王小慧影像

大悲，而后生存

王小慧：二十年前，那时摄影市场还是很差的，包括在欧洲。然后他们就会说穷艺术家，我不知道现在中国人是怎么看的，在欧洲，艺术家好像总是和“穷”字放在一起。选择当艺术家实际上也是面临一个很严峻的现实。因为我当时不是科班出身，并不知道作为艺术家是否能养活自己。在德国很多艺术家是开出租车的，我乘出租时经常会和司机聊天，有不少人可能说“我是艺术家”。还有一些人是去餐馆里端盘子或者刷盘子，以此糊口，同时做艺术。

叶　蓉：他们要靠另外一项职业来养活自己。

王小慧：对，现实就是这么残酷啊！

叶　蓉：刚才你谈到穷艺术家，好多人都知道梵高在生前穷困潦倒，我在想今天德国的职业艺术家的话，他们的生存现状是怎样的，跟今天大陆的艺术家的生存现状对比呢？

王小慧：我觉得不能一概而论。每个国家都有一些比较穷的艺术家，也有一些生活得很好的艺术家。曾经有个艺评家说过，过得好的艺术家大概至多百分之五。很多很多的艺术家是没有画廊的，还没有人经营它们，那么这种时候就要靠零敲碎打，有些时候偶然会有些展览啦，或者什么机会可以卖掉一张画。在欧洲我觉得有个好处，就是国家很支持艺术家，所以那边有一些专门的艺术家赞助或优惠政策。特别是在法国这些地方。

为什么我们中国有些艺术家喜欢去巴黎，不仅因为那里的美术馆多，也因为他们对艺术家宽松，且特别尊重。他们对艺术家赞助特别多。比如说政府给你艺术家工作室，给你特别便宜的房租，上

上页图注：作为宝马年度艺术家的个展上，著名德国女演员 Doris Schade 朗诵王小慧关于母亲书的片断

很少的税等等。在德国也比较好，但是我很少享受这些，因为我没有时间，也没有精力去办那些繁琐的申请手续。其实我在丈夫去世以后，已经排到艺术家住房紧急程度的最高分了。在这种最高分的情况下，需要有人与你见面面谈，也有专业委员会来最后定夺，但在这之前你要填各种各样的表格，非常复杂，我后来没有去申请也没有继续去争取，虽然有官员和我说你其实希望非常大。但我宁愿把时间留给创作，很多人觉得我挺傻的。如果政府给你提供便宜的住宅带工作室，你生活压力就会小很多。

叶　蓉：但还是有一个很现实的生存压力的问题，俞霖去世后，你没有了经济来源，那时候靠什么生活？靠什么来支撑你的艺术创作？

王小慧：我可以生活得很节俭，但在经济条件许可的情况下，我不反对一些奢侈的生活方式，只是对我来说物质上的享受不是特别重要。当时我唯一的生活来源好像就是靠稿费，我那时出国五年了，大概出过四五本书，都是画册，一般画册不是很好销售。书的稿费是每年结算两次，六月底和十二月底。事先我根本不知道书的销售情况，出版社也不会告诉你，就是说很可能稿费很少，你无法预料，无法计划。我好像当时也无所谓，生活方面要求很低，我可以吃方便面，我记得最多一次吃了七箱面，为了赶一个书稿还是什么。书出版了我可能会与朋友下一次馆子，庆祝庆祝。当时觉得饭馆的菜好吃死了，可是在这之前吃方便面也没觉得是受苦。

叶　蓉：但是我觉得解读你的生命历程，就像在欣赏一件艺术作品，行为艺术。

王小慧：反正我的艺术方式和我的生命方式是一回事，基本上是分不开的，所以艺术对我来说真的不是一个职业。我也不可能像上班下班那样，白天去做艺术，晚上去过家庭生活。我也曾经想过尝试着改变，但是我觉得完全的改变是很难了。除非有一个人，他能对我有那么大的影响，能让我改变生活方式，我也想可能不会碰到这样一个人，因为我对未来真的是没有特别具体的设想。

叶　蓉：你好像还单身，车祸对你影响这么深刻，以至于你现在都不能接受别人？

王小慧：不，不是说我不能够爱，我还是有爱的能力的，否则人生就太悲惨了。比俞霖优秀的人，也不是我遇不到，只是像俞霖那样无私那样忘我地爱我的人，我再也没有遇到过。

不完美，但快乐

叶　蓉：你最希望拥有哪种才华？

王小慧：创造性。

叶　蓉：你觉得这种力量是一种天赋还是可以培养的，还是说它就是造物主的恩赐？

王小慧：我想是百分之六十的天赋，百分之三十的勤奋和努力（你去挖掘自己的才华与天赋，发挥到极致），然后还需要百分之十像催化剂一样的机遇。你需要社会承认，包括我们刚才所说的美术馆也好，画廊也好，如果有收藏家不断买你创作的东西，你肯定会自信满满。至少可以衣食无忧地去创作。如果你做的东西，像梵高那样，在有生之年从来没有人欣赏，那么你的创作动力也许会慢慢磨灭的。你可能对自己就没信心了。所以我觉得社会承认对艺术家挺重要的，没社会承认仍然坚持的艺术家很值得敬佩，也很不容易。但无论怎样，成就一个艺术家的主要是天赋。所以，我劝很多学艺术的学生，我说你要觉得自己没有天赋，就不要学了，可能是在浪费时间，浪费生命。

叶　蓉：我有一个问题一直在脑子里转，现在很多艺术院校的同学们，他们可能在读了小慧的故事之后，会觉得，哎，我可能也应该选择这样的生活方式，承受孤独，享受孤独，有一天成就自我。你觉得这是一条艺术家必经之路呢？还是有其他看起来更加愉

主持各国驻沪总领事及配偶举办的慈善会，与意大利总领事罗西诺夫妇对话

快一点的路。

王小慧：我想这不能一概而论，有些人可能适合这样的生活，也有人过另外的生活，照样可以活得很好。但是我的一个基本观点就是我觉得一个真正有深度的艺术家，没有经历痛苦恐怕是成不了的，至少他要有比较丰富的人生。很难想象一个大艺术家从未经历过什么，只是一辈子平庸地生活。那么至于孤独呢，我想以作家为例，一位很好的作家，在他真正写作的时候，我真的难想象他旁边妻儿在看电视，在那儿吵啊闹啊，我是很难想象的。也许他是个奇才，能在这么嘈杂的环境里，在柴米油盐中写出伟大的作品。

叶　蓉：我觉得这个回答得很真实，呵呵。你最恐惧的是什么？

王小慧：我最亲的人生病或者是更可怕的消息。

叶　蓉：如果可以，你愿意选择哪种方式死去？这个问题我很少问我的嘉宾。因为我觉得你面对过亲人的离去，你可能有这种承受能力来回答这个问题。

王小慧：我其实是没想过这个问题。但是你现在问我，我想最理想的当然是有那么一个你爱他，他也爱你的人，他陪伴着你死去。我看过一个电影，好像是墨西哥之类很荒凉的一个地方的人，他离开那个地方的时候就是那个最爱他的女人死去后。当时他们俩都还挺年轻的，我记不得是战争还是什么，我印象里在那女人躺的枕头上有血，那个男人追问这个女人：你是不是第一次见到我的时候就爱上我了？这个男人很漂亮，很有魅力，他也有虚荣心。那个女人回答说，其实不是第一眼看到你就爱上了你。他接着问，那你什么时候开始爱上我的？她回答说，我是心里慢慢地有了你。这句话让我印象很深，因为我和我的先生也不是一见钟情的那种，没有谁追谁那种过程，而是慢慢地长到心里去的那种。最后她临死的时候对他说，你抱住我不要放松。他就俯下身去抱住她，她说你要吻我，他就吻了她，吻了她以后她就没有知觉了。她是死在爱的包裹中，死在爱人的怀抱里。这种死真是种难得的幸福。我想选择死亡的方式最理想的应该是这样子了。但是现实中可能没有这么理想的东西。如果我很孤独地一个人死去，我会拿一本很喜欢的书，会拿着我的笔记本，写日记，写到我写不了为止，后人可以看到我生命的最后一瞬间在想什么。

叶　蓉：其实每个女人可能都会有这样的理想。死在爱人的怀抱是一件非常幸运的事情。但是刚才您说选择写日记，写到最后一行，你会不会觉得对自己太残酷了？

王小慧：但这是我的生活方式，如果说我在临终之前的那种感悟不写出来的话太可惜了。因为我平时会写，发生一些特别的事情时我会写。我觉得我临死之前的那种感悟一定是很特别的，是一生中不可复制的。

叶　蓉：最后一个问题，如果可以你希望让什么重现？

王小慧：如果真的可以的话，我希望我的先生重新活过来。当然那是不可能的。对不起，我不想多说这个话题。

叶　蓉：关心你的人，爱护你的人都希望你能够快乐。我第一次见你的时候，你穿的是黑色，第二次见到你，你穿的是红色，非常漂亮，今天我很高兴看到你围了一条绿色的围巾。我觉得小慧的生命当中有了越来越多的色彩符号，越来越多的快乐元素。但是在即将结束今天的访问时，我还是挺忧伤的，因为我觉得你没有脱去那一层包裹心灵的黑衣。什么时候你能脱去这层黑衣，让我们看到一颗真正快乐的心？

王小慧：今天显得沉重，是因为我们今天提到的这些话题，要是不说这些话题的话，我现在还是挺快乐的。因为人生中真的是有很多很美好的事情。我觉得我还可以做一些非常有意义的事情，不光是我自己的艺术创作，我还能做一些给这个世界能带来点美好的事情。我其实还是生活得蛮开心的，虽然不完美。但是我觉得这世界上没有绝对的完美。就像我拍的那个电影《破碎的月亮》一样，那象征完美的月亮，仿佛是一种遥远的梦想。其实我觉得我作为《财富人生》的嘉宾，可能不是特别合适。因为这个节目请过很多成功的企业家来讲他们怎么样创造更多的财富。如果说这个财富是用金钱来衡量的话，我肯定不太合适。在我人生中很多时候，如果金钱这种财富和我的艺术理想、我的自由追求相矛盾的时候，我会毫不犹豫地放弃这个财富，而去选择艺术或者选择自由。

艺术让品牌更具生命力

刘　艺 / 王小慧

刘艺，旅居加拿大设计师，七色麻（SISSYME）品牌的创始人兼艺术总监

艺术家把不平常的经历变成艺术的养料

刘　艺：我喜欢花，我的生活中每天都有花。很多年前，在美术馆一次展览上，我看到了你的作品“花之灵·性”，当时的感受只有震撼。很多人拍花，从不同角度去拍，拍不同的美。可那些图片除了美，再也看不见更多的内涵。而从你的作品中却看到了你赋予的情感，非常有张力。真没想到作者是这样一个外表柔美的中国女性。后来我读了你的自传《我的视觉日记》，对你有了更加深入的了解。你的经历与阅历成就了你今天的艺术造诣。我们没有办法去选择经历，但要学会把经历变成财富。无论是快乐的经历，痛苦的经历，失败的经历，还是成功的经历，总之，将这些真实的经历汇注到我们的艺术创作里，我们的艺术便能令人感动。

王小慧：对一个艺术家来说，人生创伤可以是一种财富，因为痛苦可以滋养灵魂。能够把人生的痛苦转化为艺术的，这才是一个好的艺术家。曾经有很多人问我，是不是那一场车祸造就了我的艺术。如果没有这些灾难，我会不会成为一个成功的艺术家。在这点上，周国平在和我合作的新书《花非花》中有过精辟的分析。大意说，我肯定能成为一个优秀的艺术家，因为艺术天分从小就有，但人生经历肯定影响我的创作，我思考问题的角度和深度等等。我觉得作为一个普通人，特别是女人，我可能会希望痛苦越少越好，幸福越多越好。但是作为一个艺术家，我可能会说痛苦成为了我创作的源泉。举一个例子，在我经历了亲人与好友的死亡，甚至自己也与死亡擦肩而过之后，“死亡”这个主题或者“生命”这个主题就成为了我思考与创作的一个非常重要的命题。在经历那场车祸之后的十几年来，每一个阶段，我对“生”与“死”都会有新的体会，

上页图注：与旅居加拿大的服装设计师、艺术家刘艺一起

都会对这个主题有新的诠释和新形式的创作。

当然，并不是每一个艺术家都能把痛苦的经历变成艺术的养料。有很多人因为不幸的遭遇而被生活打垮，从此站不起来。这样的艺术家并不少见，所以我觉得一个好的艺术家应该有这种能力，去把自己的经历作为养料由此创作出作品。这样的作品应当是有一定厚重度和质感的，绝对不会是轻飘飘的，无病呻吟的，也不应该是哗众取宠的。用通俗些的说法，这些作品背后是有故事的。

在孤独中才能创作出好作品

王小慧：我相信真正的艺术创作过程，特别是在创作的初始阶段。即构思的阶段一定是需要一种孤独状态的。我不相信一个作家在一大帮人吃喝玩乐的过程中可以写出深刻的文学作品。我很难想象在柴米油盐的俗务琐事中，一个艺术家或作家可以有心境有灵感去创作。当然有“李白斗酒诗百篇”的美谈，但写诗是比较特殊的创作，李白也是少见的天才，而我们都是凡人。我之所以养成夜里工作的习惯是因为夜深人静时可以独处没有干扰，能静下心来想点事情。我很珍惜独处的时间，这是我最佳的创作心境。创作的时候我特别想一个人躲起来，但我又喜欢生活在大都市，甚至是大都市的市中心。我喜欢夜深人静的时侯工作，这对健康非常有害，但是没办法，这是艺术家的宿命。

刘　艺：艺术家陶醉在自己的艺术世界中是最大的享受，所以艺术家总喜欢一个人独处。好的作品总有一段安静梳理的过程。我很喜欢在阳光的午后，在眼前布满零散的各种艺术元素碎片，伴着轻柔的背景音乐，酌上两口醇香的英式下午茶，偶尔望一望落地窗外碧蓝的海天，允许自己开上一会儿小差，神游于艺术之外，最终将眼前的这些碎片串联起来，设计成作品。我和小慧有共同的感受。很多人都想不通，我的事业在中国，这里有我熟悉的环境和朋

为手表品牌欧米茄的高端客户讲座：优雅与经典

友，但是我还会长时间地一个人呆在国外。因为我觉得艺术家只有在孤独中才能创作出好的作品。我可以听着音乐去思考，我只有在孤独的创作中，才能把内心的东西释放，我创作出的东西才不会浮躁，才能有艺术价值。

我的艺术是我的梦

刘　艺：我是一个有很多梦的人，我从小的梦想就是做艺术家。我的名字就是我父母送给我的礼物，我的名字就代表了我的梦想。在我没有做设计师之前，我会把我买回来的服装修改，任何东西我都会拿回来加入我艺术的创意。

当我有了自己的品牌，很多人对我说做服装品牌即是在做生意，可我说我从来都不会做生意。我没有为做生意吃过一餐饭，谈过一个合约。我只不过是借助这样一个公司，这样一个品牌来实现我的梦想。很多时候，当我在店里看到无法诠释我服装之美的顾客在试穿我的服装时，我会告诉店员："你不能卖给这样的人，因为她穿了我的衣服其他人就不会再进我们店了"。我的艺术就是我的梦想。我的这种梦想是用织物去表现，用服装去实施，用服饰去让他人感受。

我的梦想就是为现代女性带来一种新的生活模式，懂得优雅地赚钱，艺术地生活。现在很多成功女性，她们每天忙碌，事业越做越大，社会地位越来越高。她们很多人都有奢侈的物质条件，但却没有精致的生活，没有一个足够的时间和空间去滋养自己的心灵。一个女人应该要做好自己的角色，要从容地面对一切，要懂得营造一个温馨的家。只有懂得关爱自己的人，才会关爱你的家人。有事业的成功，同时有幸福家庭的女人，才是真正有成就的女人。

我认识一位老太太，七十多岁还在追逐自己的爱情梦。这位老太太经历很坎坷，恋爱却让她变得越来越漂亮。她向我借衣服穿，说起话来像小女孩一样发嗲。在她身上，我找到了美的内涵。其实我接触过很多经历丰富而有趣的女性，也从她们身上学到很多东西。我的梦想是能够帮助不同年龄的女人通过改变服装去调节心情，将这种具有丰富内涵的服饰文化传播给更多的人。服装不仅仅是物质的，它更是一个符号，一种品位。当人们在各种场合都穿着得体，找到自己位置的时候，便会感觉无比的自信，也无比的快乐。我想做的就是把着装的这种标准树立起来，让人们用服装找到自己适合的位置，快乐地生活，这是七色麻的使命，也是一种全新的生活方式。

王小慧：我妈妈九十岁了还在做梦。她现在就在写一本关于教育的书，想把教育的心得分享给他人。很多人都在问她是怎样把小慧教育得这样好的，因为她在五十年前怀我时就开始"胎教"，那时人们还不懂什么叫"胎教"。她现在不想让别人打扰自己，因为她希望在她有生之年，在有限的那点时间里把这件事完成，这也算是她耄耋之年的梦想吧。

品牌真正的本质是人

王小慧：许多人讲品牌只看到产品，没看到产品背后的人。国际品牌都很经典，很精致，每一个细节都很讲究。真正的国际品牌，几乎都有他们品牌的历史和品牌的故事，还有品牌创始人的个人传奇等等。

比如我们大家都知道香奈儿女士的故事，甚至被写成不同的书，拍成不同的电影广为流传。我最近与 Johnnie Walker（黑方）在谈合作，他们第一代创始人在 1820 年就创立了这个品牌，然后他的子子孙孙继承下来，所以他们可以把品牌称为“Johnnie Walker 和他的儿子们”。德国最贵的手表朗格表也是叫“A. Lange & Soehne”，就是说“朗格和他的儿子们”等等。我觉得一个品牌不光要有一个创始人，也要有继承人，把品牌精神发扬光大，一直延续下去，这些都是非常重要的。我常想为什么国际品牌大都是家族企业？后来想明白，就是人的因素。一个品牌的成功是几代人的努力。我看到报道，外国研究机构认为家族企业在成功企业中的比例很高，要改变对家族企业的看法。我对此没研究，但我知道创造者一定是品牌的灵魂。苹果和乔布斯也是这种关系，没有乔布斯就没有苹果。是乔布斯使濒临倒闭的苹果成为商业传奇。希望乔布斯的同事们能够不辜负他所创下的这番伟业。能够把这个品牌一直延续下去，把品牌的精神一直延续下去。品牌称其为品牌，背后肯定有一个人或一个团队。我关注品牌首先关注它的创造者。

刘　艺：品牌的本质是发现梦想，而这个梦想是让社会大众感动和向往的。所以，品牌一定是拥有梦想的人所创造的。而且这个人是为梦想而活的人，为梦想疯狂，大胆创造，长期坚守。所以，品牌的关键是这个拥有梦想的人。品牌一定要有一种精神，有一种使命感。一个有梦想的人是决定一个品牌的基因，创始人的品质，决定了品牌的品质。

对于我们这样的设计师品牌来说，一个品牌的故事就是创始人自身的故事。一个品牌没有故事，就不能留存和发展下去。一个品牌背后站着一个创始人。看到品牌就看到品牌的创始人，能了解到她的个性。所以品牌创始人的行为模式、她的思想、她的价值观，都会通过品牌来体现。就像香奈儿，她的独立的个性，她的不寻常的经历，都在香奈儿品牌核心价值理念中体现了出来。

艺术让品牌具有生命力

王小慧：品牌的最高境界就是有品牌自己的文化。你刚才说“艺术是人类精神层面的最高境界”，我觉得确切些说应当是人类精神的一种感性的表达方式，因为人的精神也可用其他形式去表达，比如哲学也能表达。但哲学是理性的，不是感性的。艺术与品牌的关系可能有一点像我们现在吃这桌饭，所有的饭菜如果不放盐，也

为邮票王国列支敦士登创作的邮票与首日封及明信片：24小时在列支敦士登

能吃，营养也不会差，你也能吃得饱，可是这餐饭你就吃得索然无味，你会觉得没有意思，不会作为一种享受了。而艺术能够加入品牌里很可能就给了这个品牌一些味道，使这个品牌更耐人寻味，更有魅力，获得一些灵气。

刘　艺：现代社会的商品功能已经不仅仅在于满足人的实用性的需求了，更多的是满足人的感官方面的愉悦，那么艺术的价值就体现出来了，这也是人的更高层次的一种追求。一件漂亮的礼服和普通的工作服比起来自然更有生命力，礼服寄托的是一种情怀，一种人之所以为人的更高的追求。女人天生就爱美，追求美好的事物是人类的天性，但不是每个人都懂如何欣赏和使用艺术。那么这里品牌的作用就体现出来了，品牌所诉求的美、所追求的艺术形式、所提倡的生活方式，恰恰为这种需求提供了一种途径，这也是品牌的生命力所在。像乔布斯的苹果电脑、iPad、iPhone 虽然是电子工业产品，但为什么受全世界那么多人追捧，就是因为它的精湛的工业设计以及操控界面的美化和用户体验的优化，最大限度地把艺术和工业产品结合，这就是苹果品牌的生命力。文化的元素就是品牌的基因，品牌文化的内涵是品牌与人沟通的方式。是含蓄还是张扬，是唯美还是炫酷，是现代还是古典，是东方还是西方，是华丽还是简约，是古朴还是繁复，一切都在品牌文化中体现。七色麻的生命力我想也是在艺术的土壤里滋养出来的，这也就是我为什么长期旅居国外探寻不同文化艺术的基本动力，艺术滋养我的同时也滋养了七色麻，其实也可以说是艺术让我具有了生命力。

艺术家的气质与品牌的气质

王小慧：品牌选择合作的艺术家时，是在找和品牌气质相吻合的艺术家。最近 Johnnie Walker（黑方）在和我谈合作。他们曾经成功地为我举办过一个“艺术晚餐”，通过那次活动也更加了解我。

他们之所以找到我，也是因为他们觉得我的人生经历和他们所要表达的理念非常接近。因为 Johnnie Walker 的一个主题就是“不断向前”，你看它的瓶子上都有一个小人在往前走，不断向前走，象征人生像一场大的旅行，风风雨雨不可避免，但这个人还是不断往前走，没有倒下来。这和我的人生经历和人生理念非常吻合，所以品牌会选择我来做这件事情。

刘　艺：当品牌气质和艺术家气质相吻合的时候，两者相互融合才能把其中的潜质发挥到极致；把艺术家气质的东西，文化的东西通过品牌的组合使之具像、物化；用物化的东西来传播会更加持久。而品牌却可以从艺术家的身上找到文化的支点，也就是说品牌的 DNA 会更纯粹。有的品牌今天找这个艺术家，明天找那个艺术家，本身就错了。我的很多朋友会建议我的品牌服装去一些艺术活动上走秀，但我一一谢绝了。首先，我不希望我的品牌太商业化，所以我要去寻找与我品牌最相吻合的艺术家合作。

碰到你是很幸运的事，你的气质与我们的诉求很吻合。你的气质是：艺术的、优雅的、精致的；精神是：独立的、梦想的、智慧的；行为是：友善的、热情的、爱心的、勤奋的；经历是：传奇的，多彩的，国际化的。而且我很看重，你之前一直定位的合作的品牌都是国际大品牌，你身上具有了品牌的特质。我觉得小慧是很能代表我们品牌形象的。这就是七色麻女人的态度。我想我和你会是永远的朋友。七色麻也有自己的品牌诉求，我们不会因为商业的东西来牺牲我们的品牌诉求。我们不是要做最大的，而是要做最好的。

艺术是一种生活方式

王小慧：对我来说艺术就是一种生活方式，我经常觉得我做很多事情的方式是非常艺术化的。比如说，我出车祸以后拍的那些自拍像，我先生去世火化时我给他送去印着一百个吻印的宣纸，或者

作为评委为欧莱雅风尚媒体大奖颁奖

我和我妈妈来往的信件，有文字的方式、有乐谱的方式、有照片的方式、有录音的方式、有 MTV 的方式等等。而且我们做的所有这些事情，都是自然而然的，不是刻意的，做的时候没有想到给别人看，就是觉得应该那样去表达。而不是像大多数行为艺术家，做一个行为艺术是做给别人看的，通知别人等着别人去拍照。

我今天讲的是这句话的另一层意思，就是生活也可以艺术化，艺术可以渗透到生活的方方面面。这一切都是自然而然的，也就是生活本身就成为了艺术。我觉得艺术是精神的一种感性的表达方式。因为有可能很多东西也能表达，比如哲学也能去表达。但是是理性的，而不是感性的。而且艺术是需要熏陶的。现在中国的艺术教育目的性很强，使得现在很多孩子的艺术技能很好，但是艺术感悟还是没有，也缺乏艺术经验和艺术体验。

刘　艺：所以艺术教育不是机械地学习，而是让小孩有艺术体验。艺术是需要感觉的。我的儿子在中国学音乐和在国外就不一样，因为老师的教育方式不一样，还有艺术的感悟和你的体验很有关系。家庭的影响也很重要，我从小对祖父母的穿着很有印象，所以对服装我就很有感觉。我印象中祖父穿的一条麻裤很好看，太祖母的丝绸衣服很华丽。所以在创作中，我会很注重麻和丝绸。在国内实现创意很容易，实现产业化很难。我现在就在建一套属于我自己的艺术创意体系，我带上相机把我看到的告诉我助理，让她们一起体验，这样她们久而久之就学到了东西。

服装是一个人的文化符号

王小慧：有一本书叫《你的形象价值百万》，名字有点俗，但说的是大实话。有很多人不知道他自己言谈举止，他的衣着，他的仪表在他的社会交往中减了很多分，因为他一切都做得不是很得体的时候，在某些圈子里或者某个层次的人眼里就会给他打很多的折扣，这些圈子可能不接纳他。其实不管在哪个年代哪个社会，服装都是一个人的标识。我外公是师范学院的教书先生，他出门必穿长袍不着短袄，因为那是他身份的定位，哪怕长袍是布的而非绫罗绸缎。

刘　艺：服装是一个人的名片。当人们的生活条件变好了，就会向往过一种体面的生活。这时候，服装就成了人的一个符号，一个人的定位及坐标，这就是服装的功能。

现在中国成功女性都希望自己的社会地位更清晰，所以她们都在努力寻求服饰穿着的差异化和个性化，透过衣着来表达她们的艺术修养和审美品位以及她们与众不同的身份，让自己和社会角色相吻合。服装代表你的一种社会地位，服装就是人的符号，代表你的内心需求，代表你的社会角色。

前卫和经典之间要有个“度”

刘　艺：我追求创意设计，很多十年前的东西现在才流行，成了“先烈”，可能我的东西比较前卫吧。

王小慧：艺术作品我喜欢更前卫的东西，而服装方面我则喜欢偏前卫、但带有经典性的。我为什么很喜欢三宅一生，因为在刚出道的时候，他的服装在众人眼里是完全颠覆性的概念。在时装秀上，他的服装可以吹成一个皮球的造型，用立体手法雕塑未来主义的感觉。同时他的东西又很实用，我有些二十年前买的三宅一生的衣服，现在穿还没有觉得过时，它好像没有时间性。其实我认识三宅一生这个品牌是二十年前在纽约我好友的婚礼上，她的婚纱礼服是三宅一生的连衣裙和外套！当时我很奇怪，但她跟我说，这件“婚纱”可以穿一辈子而不是只穿一次！所以说这个品牌也是很环保很经济，你不会穿一时而废弃它。还有一点，他的服装绝对实用方便，很适合我这种到处旅行的人，不用叠、不用烫，体积可以压缩，穿起来有立体感，洗起来也方便。

我曾研究过传播学，还专门为此写过一本书。一个艺术家创作出的东西，是要有人能够理解的。也就是说信号的“发出者”和“接收者”之间要有一个区域是可以共享的，这个共享的部分越大被接收的程度越高。一个服装设计师也是这样，如果你设计的衣服没有任何人欣赏，那证明你设计的衣服可能太过前卫，这在市场上会有一定的问题。既要引导观赏者或者说接收者的审美品位，而不是一味地迎合大众需求；同时你又要赢得更多的人的欣赏，不能孤芳自赏，设计出的衣服摆在柜子里自己看。所以把握住这个度是很重要的，这点我想做服装设计的人应该要考虑。而一个艺术家可以不去考虑这些，只要自己觉得这个艺术是好的他就可以做出来，他可以不去考虑要有人去欣赏它，接受它，甚至去购买它。

女人与服装

王小慧：我是个没有很多时间打理自己的人，我花太少时间穿衣打扮。我的助理们都知道，我常常是在出席一个活动前的最后几分钟才决定穿什么衣服、配什么首饰。有时会拿两三件让助理们看，大家说哪件好就穿哪件。至于化妆，在拍电视或杂志大片时，媒体常会派化妆师来，哪怕多半小时我也会嫌太久，因我自己化妆十分钟就搞定，我总是把时间算得太紧。但我的基本审美在，所以不会在不同场合穿着不当。相反常常还受到赞美，我都有点自愧，因为我为此花得心思太少了。

我喜欢有创意的、简约的、艺术化的设计。不少奢华的品牌其实大同小异，除了商标，没有真正的设计本身的可识别性。接着再说说三宅一生，他在我眼中绝对是一个天才人物。完全颠覆了传统的着装观念，他的有些服装设计简直就是雕塑品、艺术品！他绝对是走在时尚之前的、先锋性的、独一无二的，而且可以走那么久，全世界的人都知道他。他绝不设计那些满大街可以看到的服装——包括名牌和各种名牌的追随者或仿制者。

刘　艺：我想我有种使命感，就是去传播服装文化。这个人漂不漂亮不重要，而是她有那种内在气质，能把一件服装穿出美感。尤其是麻的服装，就像一个布衣布袋一样，对人的气质和内在要求很高。有气质有内在的人，能穿出麻质衣服所展现的那种高雅、闲淡、安详。女人的服装要有品味，更重要的是通过着装改变一种生活状态，给她们带来快乐，带来精神享受，找到一种精致的生活方式，甚至找到精神的依托。

“我的前世今生”中的服饰

王小慧：“我的前世今生”是我到目前为止做过的最大的摄影作品，15 米长。我还把它做成中国式的宣纸手卷，很多人，特别是欧洲人很喜欢这个作品。是我“自拍系列”的发展，我的出发点是想反映中国女性一百年的历史变迁，并不是讲服装的。但它可以反映百年中国历史上女性服饰的一个侧面。我要表现那个年代的女人，首先要找到能反映那个年代的服饰。

为联合国儿童基金慈善项目所拍的一组穿着最爱的”三宅褶“的时装照

拍摄这个系列我前后准备了两年的时间，很多时间花在服装上，因为要找到相应的资料，相应的衣服，甚至我要找面料重新做。很多时代的面料并不是那么容易找到的，哪怕就是一个六七十年代的方格布，现在市场上已经没有了。因为面料也是随着流行变化的。再早的面料可能就更难了。至于宫廷里穿的衣服甚至是用真的金线绣出来的，这样的衣服当然是很难再复制了，应当是属于博物馆的。毛泽东时代，特别是“文革”年代的工农兵女性形象的服装有多简陋、多粗糙、多不女性化，在这个长卷里一目了然。那个年代不是一两个人，而是整个民族所有人的服饰都粗鄙化了。当年江青还想当“女皇”，可她设计的连衣裙要多难看有多难看。在她提出可以穿连衣裙前几年，全国的女性甚至都只能穿长裤，衣服绝对不能有腰身，中性到了无以复加的地步！现在的年轻人恐怕无法想象。

但中国古代和近代，有很多服装是非常讲究的。他们的生活是非常精致的。你看《红楼梦》里不仅吃的用的，房间里的装饰、服装、首饰都能看出他们有多讲究。我记得意大利导演贝托鲁奇拍摄的电影《末代皇帝》，里面那些皇后宫女的衣服和首饰让欧洲人非常震惊，可惜这些中国的非常珍贵的文化传统都渐渐消失了。有人说这是贵族文化，精英文化。每个时代都有精英文化，但“文革”前后与“文革”中的文化都非常粗鄙，可以说是断裂了。中国文化中有些东西丧失了之后，只能被西方的品牌铺天盖地地淹没了。我真希望那些精致、优雅的代表中国传统的东西能够被发掘出来，形成自己的品牌。

刘　艺：选任何一个东西，就是选一种生活状态。我很喜欢手工的东西，因为不同的人做成的东西不一样，赋予了不同的情感，所以具有独特性。七色麻的设计中就有很多中国传统的手工艺元素，所以七色麻的服装拥有独特性，个性鲜明。穿着七色麻服装的女人，也是独一无二的。

首饰与服装

王小慧： 我觉得有时候戴首饰是很讨巧的。它可以把一件很简单的服装一下子提亮，有画龙点睛之效。我经常只穿很简单的黑色衣服，靠一个夸张的首饰，或是色彩鲜艳的围巾装饰一下。对我来说首饰的选择未必要材料多贵重，因为是日常生活并不是去“走红毯”。

因此，材质本身并不是主要的，主要的是设计，更重要的是最后与人的气质和服装配在一起的效果是不是合适。我可能更欣赏一些普通材料但是设计非常别致、非常独特的首饰，可能比让我真的去戴高贵的珠宝更喜欢一些。

中国人很多喜欢戴真金首饰，但中国真金首饰造型非常不讲究，可以说我没看到过一件让我喜欢的，我宁可不戴。我也没有见过任何一位真有品位的女性戴这样的首饰，这是中国贵金属首饰的悲哀。中国的首饰还停留在保存贵金属原始价值的低层次上。我想这也是为什么中国女性青睐外国品牌首饰的原因。可以说她们别无选择。中国的设计师应试图改变这一现状，买首饰什么时候设计比材料更值钱，那设计就会是好的。

刘　艺： 戴首饰的女性是很性感的，喜欢有装饰性首饰的女人是艺术的，首饰是个性的艺术品。我就是一个离不开首饰的人，首饰是一个体现我个人风格的宝贝。如果你看到一个人像我，但是她手上没有戒指，脖子上没有项链，肯定不是我。首饰的艺术性远远大过它本身的价值。

佩戴没有艺术感的钻石和黄金并不能达到装饰效果，它与艺术品的价值不一样。首饰要与所穿服装的款式、面料、颜色相匹配。不仅要配合服装起到点缀的作用，同时又能搭配得体有艺术感。一套优雅的服装需要做工精致的首饰来搭配；麻质地的服装，就应该搭配有天然成分、艺术感强的首饰，如宝石、银质混合设计之类的。首饰是女人不可缺少的装饰，即便是职业装也不要忘记戴首饰。我在法国的时候，见到着职业装的女性都会搭配不同首饰，这样看起来更有女人味，更艺术、更性感。

家居与服装

刘　艺：家是女人做梦的地方，给梦一件外衣，女人的美丽就时时刻刻都能体现。不管是在社交场合还是在家里，女人能自我欣赏，也能保持一个美好的心情。如果一个女人在一个做梦的地方没有服装做道具，这个梦将是不完美的。

在我的衣橱中一半都是家居服，有着各种各样的袍子，这便是我的生活状态。在不同的场合穿着不一样的服装也是一种生活习惯。在我的顾客里面，也有很多人穿七色麻的服装呆在家里，如果你有一个温馨的家，你就应该在家里有时尚的家居服，这是一个人

刘艺是个很有创意和国际眼光的女性，开朗健谈，对创作精益求精

的文化，也是一种习惯 。

服装与家居是一个和谐的统一体。很难想象一个人，外面穿得很光鲜，家里很不讲究，乱的一团糟。事实上，家居审美，家居生活的品位、格调与服装一样，代表着个人的生活态度和文化艺术品位。

王小慧： 我也很喜欢一个让我感到惬意的环境，在那儿工作你就能够产生灵感。我一般喜欢比较干净规整的室内环境，我不喜欢到处堆满东西，这样会让我的思想很杂乱。有时候工作多了也不可避免不堆东西，但是我工作一结束就尽量把这些资料、纸张、书籍收掉。

我很欣赏“宁可食无肉，不可居无竹”的态度。我记得刚到欧洲留学的时候，奖学金并不是很多。我的很多同事在周末的时候都会到郊区的大型超市去买肉，因为那里的肉要比小的肉店便宜得多。我是宁可不吃也不愿浪费这样的时间的，但是我会为自己去买一束鲜花，哪怕是一支花放在房间里，我都会感觉心情舒畅，房间里就有了生气。

而且我的家一定要有艺术品，大部分艺术品是我自己的摄影作品或是雕塑作品。我也会摆一些让我愉悦的东西，比如说我展览过的五千支莲蓬做的大型装置作品，展览后留下的绿酒瓶和干枯的莲蓬，再加上一些白色的鸟笼，这样既有休闲的情调又有艺术的感觉。

早年在德国生活的时候，我的家不是很大，更谈不上不豪华，但是很多德国的朋友来我家做客，都告诉我说他们感觉自惭形秽，因为他们的家都比我的家大得多，但是完全没有我的家布置得如此精致和有品位。一个家居的品位，不取决于你的房子有多大。当然有大的空间通常可以让你有更多的发挥余地，而且设计起来更容易。

衣服和首饰设计也一样，很普通的布你能剪裁成有型有样的服装，或者简单的材料可以把它变成很漂亮的首饰，远比用很昂贵的材料做出来的衣服和首饰对设计师的要求更高，也更让我喜欢。我就买过用毡子做的项链，是艺术家设计的。我在很多场合都戴它，大家都赞不绝口。因为很特别，星星点点的。但它的材料不是钻石，不是水晶，不是真金白银。有些用简单的塑料，简单的金属，或是贝壳做的首饰，我都很喜欢，可能是因为造型很特别。

美感是种本能

王小慧：我们一直讲“美育”，其实我觉得一个人的艺术气质、天分、才华和美感更多是天生的，最多是潜移默化形成的，很难硬靠教育。我举个例子：你想我们读研时都是三四个人一个房间，宿舍是什么样子？我先生是我同学，他把下铺拆了，睡上铺，下面空出来放一个桌子，桌子前面用一个竹帘挡住，竹帘很普通。那时候没什么钱，他就用曾经旅行时买的一块少数民族的蜡染土布，把土布的一个图案剪下来，钉到竹帘上，既当了门帘又做了装饰，还分隔了空间。他用我们画设计图的半透明纸折成扇子形状，把灯光遮住，空间一下变得很柔和很温馨。他再用一个废旧的玻璃瓶子插一

作为唯一女性为大众汽车与莱卡相机“世界老爷车设计比赛”做评委

根树枝之类的做装饰。很多人都很难想象他能把那么破旧的大学生宿舍弄得这么美、这么艺术化。但是他觉得生活就应该是这样。他是个天才学生，他去世后我们建筑学院院长感叹说同济大学多少年才能出一个这样的学生啊！

我还记得我在德国留学时过的第一个生日。当时都是穷留学生，住大学生宿舍。每一层有一个很普通的公共房间，是学生一起休息、吃饭的地方。那时我仅有的一件浅蓝色真丝连衣裙是比较好的“礼服”了，他知道我那天会穿这件连衣裙，所以买了很多浅蓝色的气球放在那房间，还在路上捡了些德国人铺路用的方块石头，用来做烛台，从走廊开始摆到房间，全是蓝蜡烛。桌子斜放着，上面铺着蓝色的大纸，就成了蓝色的桌布。还放了一排整整齐齐的蓝蜡烛和蓝色餐巾纸……那天一层楼的外国学生都被请来了，大家都惊讶万分，熟悉的屋子一下子变得陌生了，大家都难以相信！他总是能化腐朽为神奇。

刘　艺：我觉得艺术很多时候是人的一种生活态度。我刚到深圳的时候，条件很艰苦。因为我们去的时候很早，宿舍都没有装修。我就买布用铁丝拉起来，把宿舍隔成一间一间的。因为到宿舍的楼梯很长，我就用废旧的酒瓶在每级楼梯上放一个当作花瓶，有几级就放几个。那时没有鲜花卖，我就拿把剪刀到花园里，看到有色彩的东西就剪回去，把它插在瓶子里。对艺术和美的享受，是我的追求。那时我说，什么地方是我家，有花和瓶子的地方就是。

对美的感受是人的一种原生态，是一种基因。有这种基因的人更能感受到艺术带来的美和愉悦，才能真正去体会去理解艺术，并受其影响和感染。对艺术的感知有时就是天生的，很难用语言来描述。我时常会在我家的某个角落，摆放很多东西。看上去不一定很规则，但是按照我的审美观去摆放的，每次我家阿姨来清洁的时候，我从不让她去打扫那些角落。

王小慧：我的阿姨打扫卫生时，可能给你每样东西都擦得很干净，但是她不能理解我为什么每次还要去纠正她，告诉她这个罐子和那个瓶子之间要有多少间距，为什么要摆这样的方向和这样的角度。我的洗手台上有几个大的贝壳海星之类的东西，她每次都摆得不好看，我都要去纠正她。教过她无数次，她还是摆得不对。因为在她眼里已经很好看了。我是那种追求完美的人，在视觉上也是这样。所以如果一摞杂志没有摆整齐，甚至如果秘书办公用的纸张或者正在看的稿件没有摆整齐，我都会重新把它摆放整齐。如果不这样我就会看着不舒服，好像是强迫症吧，呵呵。

刘　艺：人对美的感受，和对艺术的感知，不是仅靠简单的教育就能实现的。艺术是一种习惯，是人对事物的感知而得出的结论。我在家吃饭的时候，菜很简单但摆盘却很特别，注重菜式的美感及色彩以及盘子的搭配，视觉及感官得到美的享受是一件愉悦的事。

王小慧：我很赞同那种“画饼充饥”的人生态度。即使“画的饼”不能“充饥”，只是一种精神慰藉，还仍能坚守梦想。而我不赞成很多人有了钱，生活的品位和质量一点都不高，不懂得如何去生活。

刘　艺：我常觉得金钱能满足你的物质欲望，却满足不了你的精神需求。而现在我们要改变的是如何让物质给更多人带来快乐，带来精神的东西。

艺术与品牌的金字塔

俏　然 / 王小慧

俏然，诗人、广播电台诗歌编辑

俏　然：很少有机会这样坐下来，今天我想与小慧讨论一下艺术与品牌的话题。因为现在艺术与品牌的关系已经成为一个热门话题。我知道您与许多品牌合作，这次“2010 梦想计划”又得到 MINI 的全力支持，我很想了解你对这个问题的看法。

王小慧：一般来说，艺术与商业的关系或艺术家与品牌的关系大概有三类情况或说有三个层次的，就像一个金字塔。我说三个层次不是说艺术家的层次，而是艺术与品牌的关系有三个层次。

最低层次就是直接的广告，包括植入性广告、明星代言等等，就是单纯的广告，不能称之为艺术。虽然广告可以拍得很美或很有艺术性。第二个层次是艺术家为品牌做事情，按照他们的要求模式、他们的委约。比如说迪奥（Dior）曾经搞过一个展览，请来一些艺术家，有的艺术家做了很大的书包，有的做了香水瓶，这里面有艺术的创意，但艺术的成分不纯粹，因为这些艺术品的前提是帮助 Dior 做广告做展览。再比如某位导演，他在做“印象”系列，从一个城市、一个地区到某一个产品。他是替这个地方做宣传，作品当然很精彩，但它还不是纯粹的艺术。第三个层次国内比较少，国外大品牌会这样做，就是给艺术家百分百的创作自由，让艺术家纯粹地创作，他并不要求你什么。这么做间接提升了品牌的形象，

比如说我与宝马于 2004 年的合作。当时在慕尼黑一共做了六个影像作品和摄影作品的展览，还做了一个“东西方对话”系列。这个系列活动都是电视台直播的，一共八次，慕尼黑市民有百分之五的人来参观，影响很大，很少有展览能有这么多的观众来看。但是我并没有拍一辆车，没有一个作品与车有关。

国际品牌大多数都与艺术有这样那样的关系，并且现在已经成为一种潮流，这些品牌都有自己的艺术收藏品，甚至有自己的美术

上页图注：与梵克雅宝全球总裁 Stanislas De Quercize 及 MoCA 馆长龚明光一起参加媒体发布会

馆。我的作品的收藏者当中有一大批是国际品牌与他们的总裁们。我可以用我的经验来谈谈，我与不同品牌合作的形式与内容因品牌本身的特点有所不同。比如宝马，它总部在慕尼黑，每年与一个国际艺术家合作做艺术展览。我知道在我之前是著名的比利时女艺术家（Marie Jo Lafontine），再之前是生活在纽约的日本艺术家平川典俊（Noritoshi Hirakawa），我记不清在我之后是挪威还是瑞典的艺术家了。总之他们每年选一个艺术家，然后和他做一个艺术展。艺术展都有个主题，但绝对不是给他们做广告。

我那次的主题是“无边界”。我做了六个作品，有摄影的、影像的、装置的，另外做了一个叫“东西方对话”的访谈系列节目。“东西方对话”访谈是由我邀请东方和西方的同一领域的有话语权的嘉宾就一个主题来展开的讨论会。讨论会现场就是展厅，有观众有舞台，我自己主持，同时有电视台现场直播，影响面相当大。

俏　然：我听说你在宝马车里作画？

王小慧：不是的，完全不是。整个展览没有一张与车有关的照片，没有一句话跟车有关。展览主题叫“无边界”。展览附属的论坛叫“东西方对话”。我做了一些影像作品，像“无边界的自由”或者“同一个世界”，还有一个影像作品更抽象，直译为“时光之痕”，中文是“逝者如斯夫”等等，都是跟“无边界”这个主题有关，但是跟产品一点关系都没有，只是与他们的企业理念有关。

俏　然：你的展览作品里面体现它的理念？是有意的还是无意的？

王小慧：当然是有意的。这个展览的主题是我与宝马共同想出来的，叫“无边界”。这与我个人很有关系，就是我自己的创作是无边界的，好多人以为我只是摄影家，我说我不是单纯的摄影家，我做装置、影像、电影、电视、雕塑等等，好多门类，我还写作，整个创作就是无边界的。我的生活状态也是“无边界”，我在东西方游走，在慕尼黑有家，在上海有家，在天津也有家。宝马也有这种“无边界”的风格，比如说运动、速度，给你的自由感等等。这

在宝马个展上创意并主持“东西方对话”系列，电视直播，吸引了大约慕尼黑5%的人前来观看展览

就是我们找到的一个契合点。然后从契合点出发开始做创作。

我记得当时他们真的给了我太多的自由，自由到我最后不知道是否需要他们审稿，因为时间非常紧，我只有两个月的时间在中国创作，没有时间把东西拿过去向他们汇报什么的，他们对艺术家给予了充分尊重充分信任。记得当时我是早上六点钟飞到慕尼黑，晚上六点钟就是开幕式了。他们看了一遍作品，只要求我改两个错字。当然他们是很德式、很严谨的，那两个错字其实也不算什么大错。还有一个镜头他们希望剪掉，这个我完全理解。是一个与人体有关的照片在一个镜头里面，他们说这个最好不用，为什么？因为宝马从来不用美女做他们的企业形象，怕别人有误解。他说如果你的作品别人从头看到尾是不会这样想的，但展厅是在市中心、落地大玻璃，万一有个过路人看到里面有个人体的照片，他们会误解是跟人体有关的广告。他们觉得这样不太好，我也认同这个想法，所以就剪掉了。

俏　然：我觉得小慧其实在倡导一种用纯粹艺术化的方式来跟商业结合，这才显得我们更有创意，我们身为文化人的一种奉献，一种和商业的真正的对接，是这样吗？

王小慧：是的，企业和艺术家其实是互相需要的，大家也是双赢的。艺术家真正做个大的展览，像我这样拍这么多片子是很花钱的，要是没有政府或企业的支持，是不可能的。现在做艺术作品不像过去，一支笔一堆颜料或一台照相机就可以创作。尤其是多媒体作品，需要一个团队来共同创作，这就需要经费。如果没有经费支撑，几乎不可能。所以企业在艺术发展过程中的作用会越来越重要。过去是单一国营体制时，全部由政府包办，现在政府通常不会这样去支持一个艺术家。我还是很幸运的。前年，天津政府给我做过一个很大的展览，这是非常罕见的。政府为艺术家做展览，在国外也很少有。因为我是天津人，天津市政府希望我能回家乡做一个展览。我觉得应该做，故乡是艺术的根，不应该忘记的。现在企业的社会责任也包括支持艺术与文化，同时企业也需要一个好的、合适的艺术家来帮助它做这个事。好比代言，只是它不是用这个艺术家的脸孔来代言，而是用艺术家的作品来代言，这是一个更高层次的精神上的结合。这真的是值得提倡的。

俏　然：品牌与艺术家这种精神上的结合，不是广告公司能够做到的，也不是企业的营销部门能够做到的，重要的是企业的决策层要有这种意识和境界。这个企业的文化才能达到这个高度。

王小慧：是的，不是所有的品牌都有这种认识和作为，我还是要谈到宝马。今年二月我在德国与 MINI 的全球总裁沃夫冈先生见面。他就很明确地对我说，我们与你合作，不需要你从商业方面考虑，而是做文化项目，做你喜欢的，这也是你的长项。我回中国见到宝马与 MINI 中国的负责人，他们说得更明确，他们说他们关注中国的青年。他们想做的文化项目要对中国的青年、中国的未来有推动作用。

俏　然：我听起来，你好像不是与企业家而是与一个宣传部领导在对话。

王小慧：是啊！宝马中国总裁史登科博士是个中国通，他对中国文化很有研究，讲起中国文化来滔滔不绝。宝马与 MINI 在中国的销售每年有百分之一百的增长，他们不需要艺术家来直接推销他们的产品，但他们愿意赞助与他们品牌精神一致的文化艺术项目。因为宝马和 MINI 的对象都是比较年轻的人群。所以，我们马上谈成了一个合作项目。

俏　然：就是你正在做的“2010 梦想计划”么？

王小慧：是的，从我们见面讨论到他们做出决定只花了短短两个月时间，这是在大型跨国企业中罕见的速度，也是 MINI 在中国做的第一个艺术项目。

俏　然：这很少见，我知道大品牌做这种决定常常要花很长时间，至少需要提前一年做计划。

王小慧：跟我合作的品牌常常都是很快地做出决定。说做就做，

与宝马大中华区总裁史登科先生共同启动“梦想计划”

当然因为他们对我非常了解。

俏 然：这是成功合作的基础，否则双方要花很多时间去磨合。我也看到过很多不成功、不愉快的合作例子，就因为双方对彼此都不了解。再加上文化差异和误读，结果好事变坏事，不欢而散。

王小慧：没错。我和意大利人合作就很费力，也许是因为语言上沟通不像用德语那么顺畅吧。我和 MINI 的合作双方都很明确，我是艺术家，做一个艺术项目，而 MINI 是独家支持的品牌，它只在后台不跑到前台来。这个项目是完全纯艺术的项目，就是要寻找中国有梦青年的梦想。我为什么要做这个项目？我觉得现在有些中国人太物质、太注重消费、太重视金钱、太浮躁，缺少精神的东西。我喜欢徐志摩那句话："宁做物质的平民，也要做精神的贵族"。现在很多人相反，宁愿做物质的贵族，而精神上却没有追求很贫乏。我觉得在经济发展很快的中国，有很多人没有意识到这一点，没有意识到仅仅物质上的富有并不是真正的幸福。所以我就想提倡追求精神、追求梦想。到目前为止已经有一万多人参与了，他们把自己的梦想画在车模上，这有点像行为艺术。我们采访了两千多人，同时有三个摄制小组在工作。找到了很多特别让人感动的故事。MINI 觉得这是件非常有意义的事，而我们一点都没去刻意宣传 MINI 品牌本身。MINI 已经是一个很顶级的品牌了，它不需要我们用直接推销的方式去宣传。

俏 然：那间接的宣传是怎么样的呢？

王小慧：我们的目的不是宣传产品而是做好这件事，这件事对年轻人、对中国社会非常有意义。我们认为有意义，品牌也认为有意义，就愿意做。品牌与艺术家这种精神上的结合，不是广告公司能够做到的，也不是企业营销部门能够做到的，重要的是企业决策层要有这种意识和境界，这个企业的文化才能达到这个高度。

俏 然：你们还做过哪些努力？

王小慧：这个艺术项目还有个载体——白瓷车模，所有参加者都在它上面画画。这个白瓷车模是我根据 MINI 车型设计的。人们一看就知道这是 MINI。

俏　然： 这是你的想法，还是 MINI 的要求？

王小慧： 不，不是 MINI 的要求，而是我的创意。其实我一直在寻找一种载体，能够让人一看就喜欢，并可以在上面作画。这样就会有越来越多的人参与，也会慢慢地传播开去。慢慢地，它就会成为一个符号，一个文化符号——这是我私下的小小“野心”，我为此琢磨了好久。这次与 MINI 合作，有了一个触发点。因为现在小汽车在城市生活中越来越重要，越来越不可缺少。特别是年轻人，都想拥有自己的汽车。汽车不仅是交通工具，它会成为年轻人生活中的梦想。我找到这样一个符号也很高兴。我动员年轻人把梦想画在车顶上。现在已经有八千多个海内外年轻人画了。

俏　然： 现在好像还有人也在做梦想项目，你听说了吗？

为南京长发中心创作了16件雕塑作品，开幕式上与长发中心董事长吴建平及德国歌德学院院长阿克曼对话

王小慧：听说了，是之后人家告诉我的。我想这是好事，说明有更多的人在关心这个社会。但这并不影响我们，因为我们的关注点不同。而且我们与别人的做法也不同，我们是用艺术、用展览来打动人、呼唤人、推动人。我不是政府机构，可以用权力，或者用金钱来帮助人们去实现梦想。我只是个普通的艺术家，我只有微薄的力量，我只想也只能以艺术的力量来表达我的愿望。

俏　然：艺术有这么大的力量吗？

王小慧：不知道。活动开展不久，就有三个南京理工大学的学生跑到我的艺术中心，他们是听说这个活动之后，才第一次问自己：我有没有梦想？他们来找我，我不在，我的助手接待了他们。他们就在我们的办公室里画车模，一边画一边聊，说这活动让他们从麻木中走出来……我想这就是我想要的。因为他们心动了，他们开始思考人生了。每个青年人都会走自己的路，你在他彷徨的时候击他一掌，他的人生可能就此改变，这比给他多少钱都重要。这就是艺术的力量。

俏　然：听说这是 MINI 在中国做的第一个艺术项目。

王小慧：是的。MINI 中国还从来没有与中国艺术家合作过。这是他们的第一次尝试。许多人误解为是个大型活动，其实我是把它作为我的一个艺术创作。我的梦想计划是个艺术计划，包括我的工作人员开始都不知道，他们是一边做一边才慢慢发觉的，直到展览做出来了，他们都觉得惊讶，怎么会这么壮美！这么动人！

整个“梦想计划”也可以说一场行为艺术，而最终呈现的是一个艺术展览。我们从发起到做各种活动，到最后的展览，甚至展览过程都是一个个行为艺术。我只想以艺术的力量来推动人们去寻找梦想追求梦想，我相信艺术可以抵达人的心灵深处，可以在人们心里长期持续地发酵，这是行政力量或金钱无法做到的。这是艺术的力量。

俏　然：你与 MINI 合作很愉快？

王小慧：是的。他们尊重艺术家，给了我绝大的创作自由度。

他们对我没有任何要求和限制。但正因为这样，我对自己有更高的要求。

俏　然：其实小慧也不仅仅是接触了宝马和MINI，更多的品牌你都有所接触，都是怎么样的一种方式？

王小慧：有不同的方式。比如说世界一百强的企业巴斯夫(BASF)，它是世界最大的化工企业，它和我搞过一个规模非常大的“全国创意摄影大奖赛”，那是2005年的事了。所有这些国际品牌都非常尊重艺术家，他们不会去干涉艺术家的创作。在我和宝马合作的展览期间，巴斯夫企业传讯部的总监Dr. Felix Gress来听过我主持的“东西方对话”，他觉得非常好，所以他跟我探讨如何和巴斯夫合作做艺术项目的事。当时我们一直没有想到特别合适的题目，最初他提出的几个想法我没什么感觉，也没想做。比如说做我拍摄人像、花卉或抽象作品的全球巡展之类的。所以这个合作拖了好几年，直到2005年，那是巴斯夫进入中国整整一百二十周年，

与志愿者们一起筹备BASF赞助的“全国创意摄影大奖赛”

同时他们在南京一个非常大的中德合资的项目启动，这时才决定做。当时这个项目是中德建交史上最大的合资项目，是两个国家的总理签约的。他希望最晚在这个项目开业典礼的时候做我们的艺术项目。我就帮他们构思了一个“全国创意摄影大奖赛”。这个大奖赛我们评出一百二十个获奖者，这些获奖者可以来上海我的艺术中心，跟我学一个星期的摄影。当时全国居然有二万六千人报名参加，规模非常大。比赛从公布到截止只有六十六天，我们摄影界的同行都想象不到在这么短的时间内会吸引那么多参与者。他们也交上了很精彩的参赛作品。但我们这个活动和巴斯夫并没有什么直接的关系，我们的理念是“和谐”，人与人的和谐，人与自然的和谐，这也是巴斯夫这个全球最大的化工企业的理念。艺术与品牌合作的最高境界是达到一种默契，可称之为是一种精神上的联姻。我想补充说明的是，在我提出创意时，中央还没有提出“和谐社会”的口号。

俏 然：据说最后你们在国内外（南京、上海、曼海姆和柏林）做了四个展览，还出版了两本画册，当天南京开业典礼的晚上你们第一个展览也开幕了。

王小慧：是的。巴斯夫的全球总裁贺斌杰博士（Juergen Hambrecht）刚刚看过我们的展览后就赶去晚宴了。在晚宴的演讲上，他控制不住激动的心情。他第一句话就说，虽然在场有那么多领导，有北京部里的、江苏省和南京市的以及各界嘉宾，但他首先要问候一个人，就是发起这个活动的女艺术家。他由衷地向我表示感谢，因为他看了展览太感动太激动了。所以说有些国际大品牌，他不是让你来做广告，他甚至没有必要来做广告了，比如巴斯夫这样的世界一百强的跨国公司，他们的终端客户不是个人，而是企业，所以不需要做电视或平面媒体广告。他希望他们的企业理念能被认可，能够被更多人了解。这样的企业是有社会责任感的企业。

俏 然：作为国际大品牌，他们一定是非常重视自己的社会形象。

王小慧：欧洲的很多品牌都注重自己的社会形象。企业不一定很大，他们很多只不过是家族企业。我前些天在飞机电视上看到一个采访，采访的是瑞士一个名表的掌门人，他的企业也是一个家族企业。当记者问他：“很多品牌都想到中国来，很多品牌都想上市，你是否愿意?”“我不想，因为这样我的生活状态会被改变。我会时刻关心财务报表，关心投资和销售额。所有大的决策都要开董事会，我的自由没有了。没有了自由，我的工作与生活就没有了乐趣。如果一个人连乐趣都没有了，那人生还有什么意义?”他的回答让我感动。我想到为我出过两本摄影集的以出版艺术书著名的 Prestel 出版社，他的创始人、出版家 Juergen Tesch 是我多年的老朋友。他的出版社在伦敦、柏林、纽约、慕尼黑都有，已经很成功了。后来被法兰克福汇报集团收购，商业上他是没有后顾之忧了，但他却曾私下对我抱怨说，现在他再也不可能出版一些他个人特别喜欢的，但市场不一定畅销的纯艺术书籍了。这点令他伤感又无奈。

与亚太企业联合会主席、BASF执行董事会主席贺斌杰Dr Juerg re Hambrecht一起为获奖的参赛者张心蔚颁奖

俏　然：一个活动和他们品牌完全没有直接的关系，但是他们非常满意。

王小慧：有 26000 位年轻人参与我们这个活动，先在中国又去德国做了展览，这也是一个非常成功的艺术家与企业合作的案例。德国最权威的《经济周刊》年会请我作报告，我就讲了这个案例来探讨企业的社会责任这一论题。《经济周刊》的年会是很高端的，参加会议的嘉宾有中国驻德国大使、柏林市长、杜塞尔多夫市长、西门子总裁、德意志银行总裁、亚太联合会总裁，都是很有影响的人。但大家都对我的报告非常有兴趣。因为我们这一次的合作是一个非常成功的、跨国的、跨界的合作模式。另外与我合作过的历峰集团是世界上最大的两个奢侈品集团之一（最大的是路易·威登集团），历峰集团旗下有卡迪亚、万宝龙、登喜路、朗格、万国、江诗丹顿、沛纳海等品牌，他们邀请我去给他们的全球 CEO 年会做报告和展览。这些品牌都收藏了我很多作品，历峰集团总裁约翰·鲁博茨（Johann Rupert ）收藏了我最大的那幅“我的前世今生”，十五米长的摄影作品。他有私人博物馆，收藏的都是世界名作。他说还要造一面长一点的墙来挂这幅作品。每一个艺术家都应该建立一个他自己的收藏家圈子，这个收藏家圈子应该是互相欣赏的关系，而不只是一个客户关系，大家最后都能成为朋友。我知道有些高级定制服装的品牌最后也是和他的客户成为朋友的。我觉得这比纯粹的买卖关系更好。这些人都会很关注你，他会关注你每一个新的作品，每一个新的系列。

俏　然：我想大家现在很想知道，小慧是因为什么样的作品让世界级的这些品牌企业关注到你？当然我知道这可能是慢慢形成的，但是我知道这个慢慢形成的过程中，也会有一个关键点。

王小慧：我其实也不是特别清楚。我是一个蛮随缘的人，我觉得好多事都是偶然发生的，但是我相信这些偶然也是一种命运的必然，就像一个作家说的那样。你可能用偶然来解释它，实际上命运里的东西有许多你是不能解释或解释不清楚的。所以我比较信命，相信“天时、地利、人和”。我和别的艺术家有点不一样，我是一个跨界艺术家。很多艺术家只做一样东西，比如画家只是画画，雕塑家只做雕塑，导演只是导戏，舞蹈家只是跳舞。我拍照、拍电影、拍电视，做雕塑、装置艺术，做设计，做新媒体艺术，还做大型艺术活动，这次“2010 梦想计划”，我动员了一万人参加，这就是个大型的行为艺术。另外，我还写书。我的个人经历和我写的书可能让更多的人关注我。更多时候艺术圈和大众圈是分开的，而我的那本自传《我的视觉日记》就像一座桥梁，很多大众通过这本书慢慢地了解我。这本书出了五六种版本，十年中印了三十几版，在出版界是很少见的。不仅是中国人，还包括外国人，他们把我看成是中国的弗里达·卡罗（Frida Kahlo），她是墨西哥的一个女艺术家。在墨西哥很多人都说去看弗里达·卡罗的展览，不知道是去看她的画还是去看她的人。因为她这个人太传奇了，大家都想看到这个人本人是什么样子。我们的经历有相

在多乐士发起为“Let’s Colour Fund一起出彩” 公益活动中与工人一起调试色彩

似之处，比如说她也是出了车祸，腰椎受过重伤，最后是担架抬着她去参加她自己画展的开幕式，引起全城轰动，人们像看明星一样围观她。她是最具明星气质的艺术家。她的传奇在好莱坞被拍成电影。我知道很多她的故事。前年瑞士的大师艺术节给我颁了一个“明星艺术家”奖，主事者是世界第二大奢侈品集团历峰集团的艺术顾问、欧洲著名的艺术活动家，他认为中国艺术家中我最适合得这个奖，这个奖也是第一次颁给一个中国人。

俏　然：听说“2010 梦想计划”最后的成果是要办个展览？

王小慧：是的，在上海著名的创意产业区——红坊的雕塑中心展馆里展出。我把这八千多个车模做成一个巨大的装置，来参观展览的人都很震惊，觉得很壮观很震撼。另外，我的工作团队又采访了 2010 位各界人士，主要是年轻人。那是另外一个装置作品，通过四百个旧电视机表现出来。我特别要告诉你，这个展览是开放与互动的，每个参观者都可以在一个电子互动平台上画画，参加我们这个梦想计划。因此，展览不是梦想计划的结束。一般活动，征稿、评奖，评完奖办个展览就结束了，我们这个梦想计划还要继续下去。

奢侈品会成为伟大的艺术品吗？

网易网友／王小慧

网　友：奢侈品其实并不是必需品吧？

王小慧：奢侈品当然不是必需品，所以才称之为奢侈品。

网　友：奢侈品与品牌有什么关系？

王小慧：奢侈品就是品牌，但是品牌不一定就是奢侈品。品牌中间有很多是大家日常要用的东西，而奢侈品往往不是你日常的必需品，而且奢侈品相比品牌商品，价格往往比较昂贵，数量也比较有限。

网　友：那对你来什么说是奢侈品呢？

王小慧：奢侈品有它的定义，但对我来说奢侈品的意义不一样，因为对奢侈的定义不一样：奢侈是你平时不太能得到的东西，比如说皇帝觉得微服私访时在民间吃到的窝窝头是奢侈的，而对平民百姓而言山珍海味是奢侈的，就是这个道理吧。因为微博太短，所以不能充分回答问题，请网友们谅解。对我来说最奢侈的是时间，有时间做自己想做的事，有时间去旅行，去听音乐去看歌剧，和亲人在一起，有时间去享受很多美好的东西。正因为我平时没有足够的时间，所以时间对我来说是非常奢侈的。

网　友：作为艺术家，你和奢侈品牌有过合作吗？

王小慧：与不同的奢侈品牌有过很多不同形式的合作，比如说法国昆庭（Christofle），它是被称为“国王的银器”的奢侈品牌，一百八十年前他们做了巴黎歌剧院的青铜雕塑，今年我们合作为上海大剧院做了青铜雕塑“艺术之吻”，加工就花了一年，永久陈列在进门的大厅右手台阶上。

网　友：那我们到大剧院看戏就可以看到了噢。

王小慧：网友们如果去大剧院听音乐看歌剧自然就能看到。我们还做了全球限量版的银质雕塑呢，我叫它“KISS KISS”。我还与昆庭合作做了限量版的银质书签，正面是我钟爱的图案，反面刻有我的图章和签名，对爱看书的朋友绝对是个很奢侈的书签。纯银打造的！

上页图注：与羽西一起在银质雕塑“LOVE”旁

网　友： 你还和哪些奢侈品牌合作过呢？

王小慧： 我还和德国名瓷梅森（Meissen）合作过陶瓷雕塑，与历峰集团合作办过个人作品展，并为他们做讲座。历峰集团旗下有卡地亚（Cartier）、万宝龙（Montblanc）、江诗丹顿（Vacheron Constantin）、登喜路（Dunhill）、万国表（IWC）等许多奢侈品，这些品牌的全球总裁也都是我的收藏家。

网　友： 您与这些品牌合作都是以艺术展的形式吗？

王小慧： 我与他们的合作形式各种各样，与宝马合作办展览，与 MINI 合作搞大型艺术活动，为娇兰（Guerlain）做过意念领袖，为黑方做设计，为欧米茄（Omega）举办讲座，为大众和莱卡做老爷车的设计比赛，为欧莱雅风尚媒体大奖等等品牌活动做评委，为梵克雅宝（Van Cleef & Arpels）的大型回顾展画册写序等等，与我有这样那样合作关系的品牌有几十个。

网　友： 举办展览的话，是不是这个品牌会赞助你呢？

与昆庭合作的大型青铜雕塑“LOVE”落成上海大剧院

王小慧：不是简单的赞助，简单的赞助也有过。比如我出画册大众给过赞助，我在上海美术馆办展览，宝马赞助过，但是大部分的合作都是一种非常有机的结合，是一种双赢的共同的项目。不仅吸引了很多的大众关注，同时也提升了品牌的形象，文化的 image（形象）。

网　友：嘻嘻……申请一个网易微博来看看小慧姐和大家怎么看奢侈品的艺术价值，我感觉奢侈品中很多是有艺术价值的。不同的时代对奢侈品的定位也不一样，对吗？

王小慧：奢侈品大多数不是艺术品，但奢侈品一般都有一些艺术元素，比如它们的设计都比较讲究艺术性。不同的奢侈品艺术含量高低不同。艺术品之所以成为艺术品，是因为它包含了文化、历史、社会和人性等方面的含义，这是大多数奢侈品不具备的。我举一个小的例子：梵克雅宝有一件珍品是战后重新制作的，一个鸟笼的门原来是关着的，现在打开了，小鸟张开双翅跃跃欲飞，这点小改动赋予它历史、社会和人性的含义。在我眼中由此它成为了艺术品。大家可以在梵克雅宝的回顾展上看到原作。

网　友：王老师对艺术品的要求很高，但我确实觉得有些奢侈品有很高的艺术性，让人百看不厌，爱不释手。

王小慧：我说奢侈品不是艺术品，因为这是两种不同性质的东西。但奢侈品所以称为奢侈品，我以为有两个要素，一是它的稀缺性，它的价值很高，最珍贵的奢侈品往往只有一件，所以才是稀世珍宝；二是它的艺术性，从设计到制作，每个细节都很讲究，非常精致，艺术性很高。有的让人叹为观止。

网　友：既然有这么高的艺术性，能不能称为艺术品呢？

王小慧：我们从创意、设计和工艺这些方面来讲，那些追求极致的奢侈品可以称之为艺术品。

网　友：它们能不能成为伟大的艺术品呢？

王小慧：能够成为伟大艺术品的奢侈品史上罕见，我想不起哪个例子。

网　友： 你好啊！王老师，请问中国有无奢侈品品牌？

王小慧： 没有。而且我相信不是五年十年就能打造的。常常奢侈品是经过几代人的努力才形成的，或者是有某个大师经过几十年的打造，比如说香奈尔。

网　友： 为什么中国没有自己的奢侈品牌？有没有奢侈品牌是不是与一个国家的消费水平有关？

王小慧： 中国是一个文化被切断的国家，我相信如果没有那么多年的各种斗争，有很多老字号的品牌也可能发展成国际性的奢侈品牌，但是我们至少有六十年没有这种可能去发展自己的品牌了。有没有奢侈品牌，与这个国家的消费水平没有直接关系。意大利从来不是消费大国，但它是奢侈品牌大国。中国已经是奢侈品消费第二大国了，但一个奢侈品牌也没有。

网　友： 中国会不会有自己的奢侈品牌？

王小慧： 我相信会有的，当然这不是短期内的事情。奢侈品牌是

在法国奢侈品牌昆庭（Christofle）旗舰店开幕仪式上

需要一代一代人经营下去，不断完善不断创造的。如果中国的经济、文化朝积极的方面持续稳定发展的话，几十年后会有自己的奢侈品牌。

网　友：奢侈品该如何推往二、三线城市呢？

王小慧：二、三线城市不缺钱而缺少文化，但是我认为真正懂得奢侈品的首先不是钱，是文化修养。

网　友：为什么奢侈品都那么昂贵？

王小慧：奢侈品大多是手工制造出来的，它所用的材料又很贵重，所以必定价格昂贵。很多的珠宝都是需要工匠几百个小时、几千个小时雕琢出来的，他们的工艺也很特别。我与昆庭合作的大雕塑整整做了一年，小雕塑也要几个月才能做出来。如果是机械化流水线成批量生产的话就不是奢侈品了。

网　友：中国目前的奢侈品热是否畸形？

王小慧：我认为当然是畸形的。因为目前我们对奢侈品的购买力是足够了，但是对奢侈品文化的欣赏还没有达到相同的水准，所以是不平衡的。有时候我看到有些人浑身上下都是名牌，但她不知道这些品牌特色是什么，是什么样的风格，不知道如何去搭配它们，糟蹋了这些品牌。

网　友：你喜欢哪一类的奢侈品？

王小慧：我喜欢那些比较特别的、独一无二的或者是设计很到位的东西，而且也喜欢一些可以被称为经典，不是很容易过时的东西。奢侈品因为是种时尚品，时尚就是一时之风尚，容易过时。

网　友：你收藏奢侈品吗？

王小慧：我收藏艺术品，我觉得好的艺术品就是最好的“奢侈品”，而且是不会过时的“奢侈品”。

网　友：是不是所有的奢侈品都值得收藏？

王小慧：肯定不是，有好多奢侈品牌，可能送给我我都不要，如果它的风格、它的设计不是我喜欢的话。收藏奢侈品首先应该是喜欢它，并不因为收藏了会升值。容易过时的奢侈品不会升值，只有那些不会过时的经典的奢侈品才会升值。

网　友：奢侈品在中国的价格一直居高不下，特别是一些很“大众”的奢侈品品牌，原本是艺术的鉴赏和收藏，慢慢演变成了商业化的炒作和富人的盈利来源，不知道作为艺术家的您，对这个怎么看？

王小慧：在中国奢侈品常常成为一些人炫富的方式，在我看起来是很可笑的。我也不赞成有些女孩子省吃俭用只为买一个路易·威登（Louis Vuitton）的包包。前两天在一个会议上与路易·威登总裁在一起，他也很不赞成，在日本这种情形已经过时，大家更关注一个品牌的风格与自己的风格是否合适，更追求一些个性化的东西而不是跟风。你能了解这个品牌的文化和历史就更好了。

网　友：怎样提升艺术修养，您认为个人对艺术的感觉是与生俱来的吗？

王小慧：许多艺术感觉与天生有关，至少很多音乐神童的故事告诉我们这样。有个电影叫《香水》，那孩子一出生嗅觉就特别灵敏。但是更多的也需要后天的耳濡目染的熏陶和培养教育学习。

世博会是我们共同的梦想

我们开始做“2010梦想计划”之后，我才知道，在我们之前或与我们同时，也有人在做梦想计划，或以梦想为主题的活动。

有人问我是否会对我们的活动有影响。

我说不会，而且我很高兴。因为一个时代的梦想不是几个人的事情，而是全社会的事情，如果大家都来关心，就是大好事，只怕我们振臂高呼，没人响应，那才可悲。而且，每个人从不同角度去努力，那么梦想的事业才丰富多彩。

据说一家银行与媒体合作做过梦想计划，最后优胜者可以得到一笔援助经费。这实际上是一个创业计划。

《南方周末》主办的梦想论坛也已办了几年，但此前我不知道。我这人是不看报不看电视不上网的。我们梦想计划启动后，有人给我看《南方周末》我才注意到这是个高端论坛，出席的都是各界名流——指点江山，激扬文字，高谈阔论，让人受益匪浅。但我更感兴趣的是青年人、小人物、草根阶层。我关心他们的梦想。因为他们是大多数，他们是未来。他们现在还默默无闻，正在奋斗的路上，但将来可能是社会栋梁、未来之星。

所以同样是梦想计划，各人关注点是不一样的。我们的“梦想计划”与所有其他梦想项目最大的不同在于我们是艺术计划。整个过程都是以艺术来贯穿。一个小小的白色陶瓷车模串起全部活动。

我们与MINI中国总监朱江先生在讨论活动方案时，商定再加三个形容词，也是三个概念：个性、激情、创意。这样可以更加鲜明地突出我们是艺术计划，更加鲜明地把我们与其他的梦想活动区别开来。个性、激情、创意是艺术真正的精髓，也是MINI几十年来追求的品格。这也是我们与MINI一拍即合的原由。

整个计划更像行为艺术，最终是用艺术创作、艺术展览打动人心、催生梦想的。因为我是个艺术家，我只想以艺术的力量来推动

上页图注：60位“2010梦想计划”的入围者在王小慧团队设计的城市足迹馆雀跃欢呼

人们去寻找梦想、追求梦想，我相信艺术可以潜移默化，可以抵达人的心灵深处，可以在人们心里长期持续地发酵，这是行政力量或金钱无法做到的——这是艺术的力量。

在梦想计划中，梦想对话是一个核心。三个摄制小组计划采访2010个人，结果采访的人数超过了这个数字。这么巨大的采访量是许多人不敢想像的，但我们年轻的团队做得非常出色。

在展览中，我用400台废弃的旧式显像管电视机播出这些采访。一堵长40米，高8米的电视墙闪烁着五颜六色的光，诉说着千百人的梦想故事，朴素而又壮观。

第一次梦想对话在世博园区里举行，我们选用了一个世博会里最小但又最具特色的“德中同行馆”。因为这次艺术计划是由宝马MINI独家支持的，所以“德中同行”有象征意义。

参加对话的梦想者来自全国各地。每个人都讲得生动感人，热泪盈眶。MINI中国总监朱江先生本来说只“来听会”，最后却忍不住站起来说，我也要讲讲我的梦想。

与我对话的有几十年坚守梦想的老教授，也有奇思妙想层出不穷的青年梦想家；有世博会主场馆的总设计师，也有普通的公共汽车售票员；有世界最著名学府的中国总代表，也有放牛娃出身的青年艺术家；有抱负宏伟的新生代创业者，也有淡泊明志的城市守护人；有不畏惧厄运打击的奋斗者，也有惺惺相惜的残疾人…… 每一次对话都擦出了思想的火花，每一次对话都感人脏腑、催人泪下，每一次对话之后大家都流连忘返、久久不愿散去。

是梦想，使我们这些素昧平生的人走到一起来；是梦想，引领我们在未来的生活中携手前行。

是金子总会发光

王小慧 / 汪孝安

汪孝安，世博文化中心设计总负责人，华东建筑设计研究院总建筑师

王小慧：我读过胡延榍、洪菁耘编撰的《69 个梦——访问世博建筑师》，很感动。我游历世界二十多年，去过好几届世博会的承办国，比如德国的汉诺威，日本的爱知。每次我都想，哪天在我们国家举办世博一定要超过他们，让世界聚焦中国。我很高兴，我们做到了。

汪孝安：我也很高兴，我们这群追梦人在这里和小慧的“梦想计划”交汇。我非常感谢世博会。建筑师不能没有梦，我们喜欢梦想未来。世博会给了我们实现梦想的舞台，很高兴我能和许许多多青年建筑师们在那里共同筑梦。我的同事鲁超也经历了整个项目从投标到建设的全过程。

世博会文化中心方案招标时间长达一年，中间经历很多改变。现在我们看到的是拥有一万八千个座位的剧场，最初参加国际招标时的设计任务规定只有四千个。我觉得最后定位为“文化娱乐集聚区”是非常理性的一种方式，可以满足我们这座城市长远发展的需求。

王小慧：我去过世博文化中心，很现代也非常气派，体现了建筑设计师的智慧和远见。但建造一个领先国际的世博文化中心毕竟不是“纸上谈兵 ”，想必你们为这份追求付出了很多。

汪孝安：是的，其中的甘苦难以言表，没有现成的资料，也没有现成的经验，一切都要靠我们自己。当时竞争也相当激烈，很多著名的国外建筑事务所都来参与国际招标。经过一年多的多轮竞标，最终在 2007 年 11 月揭晓，并确定 12 月 30 日开工。整个设计和施工只有二十四个月。二十四个月之后筹备开幕式的人员就进来了。当时我们的团队晚上觉都睡不踏实，醒来就睡不着了，满脑子都是工程项目。开幕式那天，我们所有的人都感叹，心中的一块石头终于落地了。

王小慧：世博之梦的实现，成就了你们每个有梦的人。我在想

上页图注：与世博会各馆的主持建筑师交谈

我们现在说的梦想，也就是以前人们常说的理想。也许理想比较理性，而梦想似乎更感性更个人化。无论是理想还是梦想，总之，心中只要有目标，有追求，就会得到机会的眷顾。

汪孝安：是的，当机会来临时，应当很好地去把握。我算是“50后”了，年少时学习成绩较好，但当时并不提倡个人的梦想，宣传的是集体主义的“理想”——祖国的需要、党的需要。当时我们受的教育是做一颗合格的螺丝钉，祖国需要到哪儿，你就拧到哪。受您的邀请来参加这个会，这两天就一直在想一首歌，歌词是这样的：“我有一个理想，一个美好的理想，等我长大了，要把农民当，种出麦子堆成山，种出稻子堆满仓……”

王小慧：这样的情景我也熟悉。小时候我和我妈在一起，我爸妈在我五岁时就离婚了。然后我妈要被疏散到农村去，可农村那边却不要我妈，说她年纪大了，没有劳动力，除非她带着我——那个时候我刚上中学，正年轻有力。

在“2010梦想计划”展览上为外国客人导览

汪孝安：那个时期，听从国家的召唤，是一种自觉的行动。我父母这一辈子都在言传身教。他们是旧社会的知识分子，解放后主动申请入党，那时候入党意味着要更多的付出，要积极进步。记忆中，我小时候很少与父亲见面。在内地三线大建设时期，他几年不回家，甚至连放探亲假都不回来。我16岁的时候插队下乡，心想要去就去最艰苦的地方，所以就去了东北黑龙江，一去就是十年。

王小慧：那时我们这代人多么单纯，我们一贯接受这样的教育，是党叫干啥就干啥，祖国需要我到哪里就到哪里，要甘做齿轮和螺丝钉。

汪孝安：当时也没觉得生活有多苦，但的确是文化的沙漠，没有什么书可看。印象中有些同学带去的一些书也全部被没收。我觉得在精神层面上特别失落。曾经有一段时间也想过，什么时候可以去读书，这在当时是很不现实的梦想。现在来看，其实是一个人基本的权利。1977年高考恢复，我们宿舍有很多同学拼命地学习。但是我的文化程度不高，1966年小学毕业，初中根本没念书。三年时间就是学工学农，然后下乡。幸好那年头化学和物理都不考，只考政治、语文和数学。而数学也正好是我们能够自学的，但后来出了“白卷先生”，上学的事也就泡汤了。再接下去的梦想就是希望哪一天可以回上海。

王小慧：梦想会随着时间改变的。小时候我的梦想是当一名开电梯的工人，那时我爸带我出差，住在上海和平饭店，我爸出去谈事的时候我一天都在电梯里玩，觉得能坐着电梯上上下下太幸福了。

汪孝安：当时很多人都想回上海，哪怕就是回上海扫大街也行。后来我按照当时的政策回到了上海，但顶替父亲进入华东设计院则是做梦也没想到的事情。经历了几次现实与理想之间的不断变化，我更加珍惜我所能得到的。我进设计院的时候是工人编制，算是体力劳动者。

王小慧：我也在一个设计院工作过一年多时间，工作区域就是晒图间，每天拿把大剪刀把晒好的成卷的蓝图裁开再叠成文件大小。要和你们在座的各位比赛裁图我肯定是最快的。但那个工作无聊至极，从早到晚八个小时都是重复同样的动作。

汪孝安：那时候我们工业建筑比较多，机床要上楼，要测机床震动是否会影响到加工的精度，我的工作就是不断地去测试。这样的工作做了一年多才进设计室。我们这个专业在早先就是师傅带徒弟，所以我是学徒出身。我对华东建筑设计院感恩在心，我所有的一切都受益于华东院老同志的言传身教，所以特别珍惜。进入华东院后，也没想过什么远大的理想，只想做一名合格的建筑师。本来我文化程度就低，能够让我上岗做设计，我已经很感激了。我是一步一步走过来的，边工作边学习是我当时的生活状态。我也特别庆幸在业余时间上了上海业余土木建筑学院，给我们上课的几乎都是同济大学各教研室的带头人。我很感恩于这些老师的教诲。那时我非常羡慕同济大学建筑系的学生。记得那时有个学生作品展，小慧

上千人聚集在“2010梦想计划”展览开幕式现场

老师你的作品我也有印象。不知道你自己是否记得，是一个各种各样的墙所组成的空间序列。

王小慧：我记得那个设计，是不是我还写了一句外文在上面？那是一个德国教授出的题（他是我先生后来在德国读博士时的导师），题目是在城市中的一块空地上做一些东西。同学们都在那地上盖各种建筑，但我把它设计成一块可供人休息的公园式绿地。我在那块空地上做了很多墙，还在上面写下“安静和舒适的城市绿岛”的文字（我还把那段德语文字写错了呢!）。那个教授特别喜欢，给了我很高的分数，还作为范例到处讲评，说我的逆向思维如何如何妙。因为这个设计题目他给每届学生都出（他任教的是德国最好的建筑大学达姆施塔特工业大学，类似于美国的麻省理工学院），从未有人想过在这块地上不盖房子！而这个不盖比盖任何东西都妙。后来他还把这个设计稿带回德国，一直挂在他的办公室，常常给来访的人讲述。

汪孝安：这幅作品我也印象深刻。小慧老师那时非常有名，是很多青年崇拜的对象，你肯定也有很多粉丝吧。另外福州路上的清真饭店我也去过，所以我对小慧老师不是一般的了解。

王小慧：那个清真饭店盖好了我都不敢说是我和我先生设计的，那时候就怕出名、怕别人嫉妒，只对媒体说是同济大学老师设计的，不敢说是我们的作品。

汪孝安：那个楼梯是上窄下宽的，我对此印象颇深。小慧老师那时真是青年设计师的榜样。从事建筑设计之后，我的梦想就寄托在项目上，把这些项目做好是我的梦想。做好每个项目，对每个项目就像对待自己的孩子一样。在项目接近完成时，我常常会做这样的噩梦：脚手架卸下来，看到的是一个很丑陋的建筑。这说明那个时候我很不自信。

王小慧：在见汪总您之前，我真没想到著名的华东设计院总设计师会是一个靠自学成才的老知青。这在现在的“总”字辈里是很少见的。汪总为上海设计了这么多重要的著名的建筑，但人们都不知道，媒体也不宣传。这是媒体的失职。

汪孝安：实际上，我一直只把自己看成一个普通的建筑师。

王小慧：你和我父亲很像，我父亲也是他们那个公司里唯一的总工程师，他也没有高等学历，但他是能力最强的一个。我知道在中国讲究论资排辈，在设计单位特别讲究学历。你也肯定碰到过这种情况：明明你的设计比别人好，但因为他学历比你高，有些重要的设计就让他去做了。

汪孝安：我很幸运，我们华东建筑设计院的氛围很好。就像我在华东院成立55周年庆典上发言所说，我们华东院就像一个大学校，对每个青年建筑师都像老师待学生，对每个建筑师都负有一份培养成才的责任。我一直对青年人说，只要你们把事情做好，是金子总会发光的。

王小慧：汪总说得特别好。现在大家都知道，汪总是世博文化中心总设计师，但大家还不知道，就连上海电视台也未必知道，上海电视台也是我们汪总设计的。谢谢汪总与我们年轻人分享！

建筑师的汽车梦

王小慧／戎武杰

戎武杰，上汽—通用联合馆原创建筑师，现代都市建筑设计院副院长

王小慧：戎先生是现代都市建筑设计院的，是通用汽车设计馆的总设计师。都说你的设计理念很超前，已经在展望三十年以后的低碳智能汽车了。据我所知年轻人都很喜欢通用汽车馆，用他们的话说很“酷”。

戎武杰：我们团队里的人都很棒，我曾经用一个动作就让参与建筑设计的同事们顿时领会通用汽车馆的设想：拗过一根无形的棍子，双手交叉让它盘旋起来。要问这个动作的含义？我对大家说，这是一个零件，但并不是一个具体的零件，它是一个象征，一种符号。这个设想最终演变成世博会上的通用汽车馆。

王小慧：一个团队的心领神会很重要，如同一个乐队，指挥家手中只有一根指挥棒，整个乐队却那么和谐。

戎武杰：小慧老师的这个活动让我很感动，在这么一个物质的社会里，依然追逐梦想。“梦想计划”是一个很有意义的活动。人应该有梦想，有梦想人生才会有意义。而我觉得实现梦想最好的前提是找到一份自己喜欢的事业，在这种事业中去实现自己的价值。

王小慧：人生一个阶段会有一个阶段的梦想。如果你的职业或者说事业与梦想是同一个方向，那实现梦想的可能性会更大一些。但现实生活中常常不是这样。那也没关系，追求梦想是要付出代价的。另外就是：有梦想就要坚持！我一直说这句话：“遥遥远远的梦，走近它，别放弃，会成真……”我们都知道你是学建筑设计的，但听说你对汽车设计这个行业情有独钟。

戎武杰：是的，三十年前我就喜欢在课本的空白页上画汽车图。经历过从上课画图被老师撕书，再到被老师鼓励的过程。“汽车”是我从小就有的梦想。

王小慧：那你当时为什么不选择汽车设计这个专业呢？

戎武杰：我喜欢画画。读大学时我最想读可以画汽车的汽车设

上页图注：在展览现场播放出2010位青年人的梦想的影像作品

计专业，可是没有。于是我想到学动画，但当时国内也没有这个专业。在高考填报志愿的时候，我对专业的选择踌躇不定。那天父亲偶然看到当时很流行的杂志《世界之窗》上关于著名建筑师和建筑物的报道，随手甩给我说："这本杂志上介绍了两名设计师——山崎实、贝聿铭"，于是我开始走向了建筑之路。我很感谢父亲当年指引我的选择，我终于走上了一条自己所喜欢的路。

王小慧：中国改革开放三十多年来的大建设时期给建筑师们提供了大展宏图的平台，尤其是世博会给建筑师们提供了争奇斗艳的大舞台。

戎武杰：对！对！世博会让我实现了儿时的梦想，虽然已经与建筑结缘，但我脑海中却一直念念不忘儿时的汽车梦。汽车馆经历了严酷的竞争，但最终主办方被我们这个"零件"的创意打动了。我在建筑这个载体上实现了自己的汽车梦，虽然后来又经历了几次艰难的考验，但汽车馆的梦想最终还是实现了。设计给我带来的愉悦感，让我一直坚持着。

王小慧：据说当时有人问你对自己过去哪个作品最满意，你不会像许多名人说"下一个"，而是说"这一个"。看得出世博通用汽车馆是你建筑师生涯中最得意的作品。

戎武杰：是啊！我读的是建筑专业，与汽车设计不搭边，但一直梦想有朝一日能够参与汽车设计的项目。因此，能够让自己的愿望得到满足的，除了世博园区，没有第二个地方；除了汽车馆，没有第二次机会。因为太爱车了，所以项目一开始就全身心地投入其中。汽车馆投入了我这些年所有的心血，所有的智慧，甚至是所有的情感。

王小慧：戎先生很幸运，他是个喜爱汽车的建筑师，最终在这里实现了自己的汽车梦。建筑师能够实现汽车梦更是百年一遇的机会，就像他自己说的，只有世博会才能给他这个机会。世博会给多少人带来梦想，又让多少人实现了梦想。感谢世博会！

每个建筑都是我们的孩子

王小慧 / 陈云琪

陈云琪，世博会中国船舶馆主建筑师，中国船舶工业第九设计研究院总建筑师

陈云琪：我很高兴来参加你们的活动。梦想，这个词好神秘，好近又好远，就看你愿不愿意靠近它。

王小慧：听说你是在青海长大的，能跟我们讲讲你小时候的梦想吗？

陈云琪：我从小生活在青海。我父母是从上海去支边的。小时候的梦想就希望有一套正宗的军装，想像自己穿着军装走在马路上、走在校园里简直太神气了，那是我最大的心愿。

王小慧：是的，我也曾有过这样的梦想。在那个年月里，女孩能有一套军装穿着，而且是真正的军装，不是仿制的红卫兵服，是最大的奢望。

陈云琪：我们都是那个年代的人，那时随时要做好上山下乡的准备。从小父母就跟我说长大后要到农村去，到广阔的天地去。所以我就天天锻炼身体，为今后上山下乡做准备。但命运偏偏那么神奇，1977 年突然开始恢复高考了。我是 79 届的学生，从得知恢复高考的那一刻起，就开始拼命地复习。

王小慧：性格决定命运。如果你不是很倔强、很坚持、很努力，也许就不能考上好学校，就像我当年一样。那么当初你是抱着什么样的心态选择学校的呢？

陈云琪：是的，性格确实重要。当时对于我来说报考青海的大学相对容易些，但我偏偏填报上海的大学。就在 1978 年底我有了将户口迁到上海的机会，这事让我们全家纠结了很久。但这对我来说是巨大的挑战，上海和青海的教育质量差距太大了，我只有短短的半年时间，一切都是未知数。最终出于今后分配考虑还是决定将户口迁到上海。所以我只有努力、努力、再努力。幸好我有健康的体魄和坚韧的毅力，终于在高考中取得了较好的成绩，考入了同济大学建筑系。记得那时家里很困难，为了省五分钱，我每天从图书

上页图注：展览上参观者饶有兴致地用放大镜去仔细观看青年人所绘的梦想图案

馆到学校再到家都是徒步来回。不过非常开心，因为我的努力终于得到了回报。

但是进入大学后才知道，读建筑还需要有非常好的素描功底，于是我又开始了新一轮的努力和探索。

王小慧：人就是在压力中前行的。我的经历其实跟你有点像，当年曾一心一意地投入音乐。我特别喜欢拉手风琴、作曲和表演，还编些话剧、舞蹈啊什么的。学过一点点国画，但没有真正系统地学过绘画。高考也挺不容易，我初高中基本没怎么读书，是在政治运动和学工学农学军中度过的，还花了很多时间挖防空洞。我当时的中学在警备区司令部隔壁，所以要挖地道等等。我们学校是这方面的先进学校。我的学业就这么荒废了，所以要更努力地去补习那些荒废的功课，不像老三届，他们知识功底要扎实得多。我们当时参加高考是不能请假复习的，所以只能白天上班，夜里学习。我记得家里桌子上堆满了我要读的书。学完一本我就把它堆到墙角，当看到墙角的书越堆越高时，心里充满了成就感。但要看的书实在太多，要补习的东西太多，来不及，所以经常夜里学到三四点，早晨七点又要去上班，几乎坚持不下了。那时还没有咖啡，我记得当时困到坐着读书也会睡着，没办法只好站着读。居然有一次我站着也睡着了，还把脸也烫伤了，因为天冷我站在火炉边，摔倒的时候，脸烫到烟囱上。我们能得到念大学的机会多么不容易。特别是 77 年第一次高考，竞争真的太激烈，只有百分之二点五的人才有上大学的机会，那时的大学也比现在少得多。可是正因为那时的努力，才改变了我们的人生。

陈云琪：通过四年大学的学习，我更深地了解了建筑，更深地了解了建筑组成的城市。人们一生几乎都在建筑师创造的建筑中生活，所以建筑师的社会责任非常重大。经过二十七年的积累，走过了很多城市，看过了很多建筑，也让自己的想像空间越来越大。我经常与年轻人谈到“得到”与“付出”的问题。现在的人更多在乎的是“得到”，但其实人只有“付出”很多才有可能“得到”，回味起来才有甜甜的感觉。

王小慧：现在的年轻人思考得太少了。社会太浮躁，生活节奏太快，工作压力太大，使得他们没时间思考。而且社会风气是一味追求物质，追求更高消费，人们对精神方面的要求却忽略了。但是人总该有点精神追求，所以我策划了这个梦想活动，想通过分享你们这些成功人士的梦想，去引导更多的年轻人发现自己心底的梦想，去实现梦想。

陈云琪：是的，这个活动非常好，可以让人们重拾搁浅的梦想。我很感谢世博会给我提供了“用武之地”，也让我有了实现梦想的机会。船舶馆选址在江南造船厂的时候，我与我的团队都很激动。江南造船厂原名江南制造局，成立于民族危亡时代，寄托着民族自强的希望。这一块土地上，曾经创造了中国工业的很多“第一”。它是中国民族工业的摇篮，也是民族工业的脊梁。这里曾经是江南制造局的旧址。有着中国工业的大量痕迹，有着一百四十多年的工业发展史，世博会选址在这里是有寓意的，如果你当它是一片空地去规划，那将有愧于我们的子孙，我们希望参观者能在这里感受到中国工业的足迹。

王小慧：那你们是如何操作的呢？

陈云琪：我和我的团队都梦想能保留这里的一些痕迹。我们从2003年就开始研究这片土地的历史，研究这片土地上的建筑，为保留这片土地上的工业文化做了大量工作。最后，令人欣慰的是，在我们的坚持下，世博规划局最终采纳了我们的意见，决定留下五个历史旧址，并保留近些年建造的一些大车间，改造利用后作为一些世博会场馆。其中将原来的大车间改造成了现在的中国船舶馆。在浦西的日本产业馆和城市足迹馆也都是经过改造原造船厂的车间。其实改造比重建有着更多的困难，为了留下原来造船厂的空间特点并赋予它新的生命，我和我的同事们做出了很多努力，终于在船舶馆中让人们感受到了造船厂曾经的痕迹。我们希望这个馆可以在世博会结束后成为船舶博物馆。

王小慧：我想江南造船厂的人会感谢你们，更多的人会感谢你们。让具有一百多年历史的江南造船厂消逝对我们来说是种罪过。这让我想起我生活二十多年的德国城市慕尼黑。他们在战后复建时将所有建筑都按老建筑的样子修复，也不允许盖高楼。那些人文景观依然还在，城市文脉依然延续。正因为如此，这个城市才被认为是德国最美的城市，旅游业才会这么繁荣。

陈云琪：是的。我们用心打造船舶馆的每一个细节，也为了中国人的百年世博梦去努力。我们尽可能地保留历史的遗迹，让它更多地体现人文精神，做文化的传递者。我们把船舶馆当成了自己的孩子，尽量让“孩子”多些内涵，少些浮躁。今天看来，船舶馆这个“孩子”也确实让我们九院建筑师“父母”们自豪。

王小慧：“孩子”这个词我很有共鸣。能把建筑看作是被赋予生命的孩子，多好。建筑不单是一个物体，也是一个生命的存在。我也一样，总是把自己的每一件作品看作是自己的一个“孩子”。

回首往事心中无愧

王小慧 / 陈剑秋

陈剑秋，世博园区前期研究团队、世博会C区联合馆设计团队负责人，同济大学建筑设计研究院二所副所长

王小慧： 当人们在C区联合馆片区参观时都能感受到那些极为人性化的设计，尤其是中南美洲联合馆这个由旧厂房改建而成的联合展馆，但是很少有人知道它昨天的历史。

陈剑秋： 第一次走进这个建于1989年的建筑的时候，看到里面的设备已经全部搬迁，只留下了一个空壳。可是城市的记忆是搬不走的，这里曾经有着钢的铿锵，火的灼热。还有八十年代催人奋进，激情洋溢的歌声："再过二十年，我们来相会……"

王小慧： 那时我们唱这首歌时心情总是很激动……

陈剑秋： 对，那时我们都很淳朴，有很多梦想。那个年代我们听着这首歌怀揣着对祖国的热爱、对知识的渴求、对未来的憧憬，满腔热忱地投身"四化"建设，生怕二十年后再回首，心中有愧。

王小慧： 二十年一眨眼就过去了，算起来你那时好像还是学生呢。

陈剑秋： 是的。这个厂房建立时，我还在读书。我们的团队很年轻，当中有比我更年轻的同事。我们设计团队的任务之一是将位于C片区的旧建筑改建成为一个大型的世博会联合展馆。作为前期研究的联合团队，我和年轻的同事们早早就进入园区了，调研的重点就是C片区。研究整体规划，为这片园区设计了大量的公共设施，如餐厅、安保的小屋子、消防设施、饮料亭、饮水点、厕所……这些相对于展馆来说，都是配套设施，"绿叶"建筑。

王小慧： 好的建筑包含着历史，从这个建筑，从它的每一个细节都可以读出历史的痕迹来。

陈剑秋： 你说得对。有一次，国际展览局秘书长洛塞泰斯来上海世博局考察，我们送给他的礼物就是从和兴仓库中翻拣出来的一盏小油灯，他非常喜欢。老工人们看到这些行车、氧球、泵、管道、钢包和轧机等，便想起在上钢三厂的那段岁月。建筑师除了需

上页图注：在世博会"竹屋"——德中同行馆中举办活动，歌德学院院长阿克曼和MINI总监朱江先生与参赛者一起畅谈梦想

要具有科技工作者求真务实的品格，还要和画家一样，具有艺术家的气质。当我们面对厚板车间时，不禁感叹：它的尺度多大啊！这样的体量感在今天看来仍然具有强大的视觉冲击力。

王小慧：我看过不少三、四十年代的老厂房，体量都很大。这些地方很多都被改为了创意产业区，经过好的建筑师改造，有的非常精彩。你们对这个老建筑的改造思路又是什么？

陈剑秋：我们设计团队的任务是在新的环境中赋予它新的生命，引起所有参观者对工业时代的回忆，继而可以深思工业和城市共同走过的一段轨迹。对于厚板车间的改造，是一种“螺蛳壳里做道场”式的技术改造，重点在于提高建筑的环境表现力，提升建筑的适用性。大空间的车间，正好适合世博会布展需求，我们根据展览馆的功能，对原建筑进行保留、改建、新建，重新整合了参观路线，使建筑物与展览融为一体。

王小慧：并且依然能够感受到厚板车间的工业气息？

陈剑秋：是的。为了不妨碍原有结构的整体表现力，加建部分采用独立的支撑系统，并与原有的结构错开。局部新的建筑凸出于老建筑之外，并不是刻意掩盖形体，而是着眼新老建筑“形异神似”。立面设计避免对于新材料的过分细腻的刻画，尽量体现简洁

市人大主任刘云耕先生与王小慧在展览开幕前一起走互动的玫瑰花“红地毯”

的“工业质感”，也符合“勤俭办博”的宗旨。

王小慧：据说，你们设计的非洲联合馆建筑面积达二万六千多平方米，是世博会十一个联合馆中规模最大的一个，有四十二个非洲国家和一个国际组织（非盟）参展。

陈剑秋：是的，建筑设计团队为这个展馆设计的外立面装饰为巨幅壁画，为此，特地将彩钢板的外壁增高到十五米。壁画几经易稿。现在的这幅壁画，是从布展设计小组展示的方案中选取的，并多次征集非洲各参展国总代表和各参展国驻华使节的意见。图案设计契合展馆主题——“非洲。壁画中正是日出时分，地平线上，天边是黄色的，而更高远的天空已经有着满天的霞光。斑马、长颈鹿、犀牛一只接着一只出来了，鸟在飞翔。建筑物和植物安静伫立，宛如剪影一般，清晰地出现在视野中。占据画幅正中的是棵巨大的树，枝干密集、遒劲向上、树叶繁茂，生机勃勃，希望之大陆”，富有强烈的非洲特征，叙述着古老的大陆充满生机，象征着人类的繁衍和生生不息。

王小慧：我想问你一个问题。随着社会的发展，我们越来越多的时间生活在钢筋混凝土的结构之中，与大自然渐行渐远。作为设计师，如何来思考这个问题？

陈剑秋：这也是我经常考虑的一个问题。每设计一件作品，我都会尽可能地让它与周围的环境融为一体，尽少破坏原来的风貌。同时，我们特别注重在高科技、大尺度的工作生活环境中创造更多的享受自然的氛围，让人们能充分感受到阳光、清新空气和绿化。设计师应该为人与自然的和谐发展做出更多的贡献。

王小慧：我还想问你一个问题，再过二十年你会怎么样？

陈剑秋：作为一个建筑师，最大的愿望，也可以说是最大的梦想是能在大地上留下更多人们喜欢的建筑。

王小慧：从这点看，建筑师比艺术家更幸运，他们的作品可以有更长久的生命，几十年、几百年，甚至几千年，而且被更多的人欣赏。

梦是心头想

王小慧 / 傅海聪

傅海聪，上海世博会世博中心总设计师，华东建筑设计研究院副总建筑师

傅海聪：我是在河北长大的，经历过“文革”，属于最后一代下乡知青。“文革”结束后，又成了恢复高考后的第一届大学生。第一志愿考进了重庆大学建筑系，由华北到了西南。毕业分配来上海，又由西南到了华东，生活轨迹在中国的地图上是个三角形。

王小慧：在上海工作了二十多年，很多建筑设计你都参与了。比如，上演世界顶级剧目的上海大剧院，就有你的心血。但今天我们更想分享你和世博建筑的故事。

傅海聪：这样说吧，建筑和人一样，是有表情的，而且这个表情非常丰富。我曾经想过，世博会结束后，人潮会退去，园区的临时建筑会全部拆除，但世博会的建筑，将会永久地记录在史册。期间，世博中心的各种重要活动注定是2010年世博会的历史见证。

王小慧：你说建筑是有表情的，这个比喻很人性化。我们做世博课题时就说城市是生命体，那么建筑也是有生命的，它有体温，有呼吸，也应当有表情。

傅海聪：作为“世博心脏”和“城市客厅”，世博中心是“一轴四馆”中规格最高的永久建筑，在园区中占有极其重要的地位，那么它应该是以全新意识和科技手段塑造的一座充满“智慧”和“情感”的现代建筑，表达出中国建筑师特有的人文情怀，并以节能环保的技术实现建筑的可持续性理念。正如林语堂笔下的中国建筑——无声地叙述着自己平和的心迹，从而也暗示着自己的端庄有礼。含蓄的姿态平缓舒展，通透的“肌肤”明亮透彻，富有创意的隐蔽式全开启折线玻璃外墙，构成了建筑的主要形态特征。

王小慧：据说你把世博中心建筑风格的气质，归于大气谦和一类。还说，隐藏在这个建筑里面的是更多的“内秀”。

傅海聪：全呼吸玻璃幕墙随建筑的光影、色彩乃至表情而产生变化，半导体绿色照明不求夜景效果的富丽堂皇，而使建筑以冷静

上页图注：瑞士国宝级艺术大师 Ted Scapa 先生也画了车参与“2010 梦想计划”

的姿态显示自己的特质，与浩瀚的绿地和江水交相辉映、和谐共生，实现现代风格与自然形态的完美过渡。白天，玻璃折片内的金属垂帘可以调节阳光；夜晚，晶莹的光带又似片片风帆，百舸争流。绿色生态的呼吸功能形成了富有层次的外墙肌理，简洁的外部形态呈现出丰富的建筑细部和表情。在这里，你或许感受到，理性与浪漫交汇，科技与情感兼备。

王小慧：我去过，确实很漂亮。傅总这么一描绘，我仿佛又身临其境了。

傅海聪：其实我这个人不太会说话。接到通知后我犹豫了很久，可能是因为不知道该怎么讲才好，所以做了一个片子，讲起来会方便些。讲梦想我也不知道怎么开始，稍微放松一下，先看看PPT吧。我发现我们参加梦想对话的人都特别认真，大多数人都准备了图像。

王小慧：好啊，现在大家都喜欢看图说话，图像比语言更有说服力。

傅海聪：尤其是建筑，不是用语言能说清楚的。看过后我再说说我自己吧。我觉得我和他们（指这次参加梦想对话的世博建筑师们）经历相仿，有共同语言。比如说，我和汪（孝安）总一样，也是知青。和周（建峰）主任也有共同点，他是河北人，我也是；他喜欢足球，插队的时候我也爱踢球。和小慧老师么，你是七七级的，我也是，我们是同一年考上大学的。四年级时，全国举办首届大学生建筑设计竞赛，那次同济和我校分获前二名。我记得小慧老师有一个作品得了大奖，那时我印象最深的是你在设计图上写的一个标题……

王小慧：我记得是“伟大的历史创造伟大的未来”之类的。

傅海聪：对，是的。你那时起点很高的呢。如果说我从知青到参加高考是一个梦想，那这次也是梦想的一次实现吧。

王小慧：那年代整个国家都才智枯竭，上大学是很多青年人的梦想，考上大学确实是我们的骄傲。

傅海聪：不知大家是否知道，这两年有两个票房比较高的片子都与我们这年代的人有关。一个是《高考一九七七》，第二个就是《唐山大地震》。唐山大地震时，我住的是平房，半夜从窗户里被震飞出去。那时候因为身体还可以，所以没受伤。小慧老师是天津人，在唐山的北边，大概也经历过吧？

王小慧：我也经历过地震，说来也算老天“补偿”我们。因为“文革”，我们被逐出家门，搬进较低楼层的小房间。因为东西实在放不下，就搭了阁楼床，相当于无形中给房屋加固了。而且我们把写字台放在床上，睡觉的时候把脚伸到中间。这样挡住了不少砖头砸到身上，我和妈妈逃过了这一劫。

傅海聪：相比之下，天津算比较好的。后来，不知何时起，人们渐渐开始讲究穿着了。那时买鞋什么的都要到天津去买，北京的有点土。北方城市都以天津为时尚标准。我们插队的地方就在铁道旁边，那时我们经常不买票，沿着铁道方向越走越远，就这样到了上海。这个也是一个梦想。

王小慧：在我的记忆里，天津人北京人都以上海货为时尚的。记得小时候我爸常去上海出差，有时会给我带来漂亮的尼龙袜、丝围巾、连衣裙什么的，同学们老妒忌我。那你后来怎么会学建筑的呢？

傅海聪：因为我母亲是教绘画的，所以我考建筑并不盲目。我一直憧憬学一个艺术和技术融为一体的理工科专业，所以进入建筑系也是圆了这个梦。

王小慧：那参与世博肯定是你更大的一个梦？

傅海聪：我与世博很有缘，因为我就住在世博园区旁边。所以申博成功后我就想，我是否可以参与进去呢，这是我的梦。后来，我不仅参加了，而且负责的还是世博永久性建筑，这可以说是我的梦中之梦。

王小慧：世博参与者都有自己感人的故事，都是一段缘份，一腔热血，一个梦想。

傅海聪：刚才胡延楣老师提到的世博会永久建筑都是我们中国设计师原创的，这点很为中国建筑师争气。

王小慧：建筑界有个说法，就是中国当代建筑成了外国建筑师的梦想实验场。你们可以去数一数几个大城市里的所有标志性建筑，查一查它们的建筑师背景。大概只有世博会里的永久建筑是中国建筑师的原创设计。当然我不是说我们不要国际化。我是说如果放手让中国建筑师、设计师们大胆地去创造，平等地去竞争，一定会有更多的传世之作留下来。

傅海聪：我原来喜欢看武侠小说，里面有一句话：梦是心头想。另外，在你们发给我的这个活动的邀请上说，有一个晚清诗人的预言，曾提到越江隧道和大剧院，恰巧这两个项目我都参与实施了。

我记得我刚到华东建筑设计研究院的时候，正好赶上延安东路隧道的建设，我当时也参加了方案设计，还拿到科学会堂展出。后来人民广场要造大剧院，我 1994 至 1996 年三年间入驻那里，主持这项工作。这些梦想能够实现，是很值得怀念的事情。

我今天准备了一个片子，记录了这些年世博场馆的日新月异。是我在自家阳台上拍的，我觉得非常有意义。

王小慧：从你家阳台这么特殊的角度纪录下的世博过程，太有文献价值了。这不是官方纪录，而是一个来自民间的自发的纪录。而这个纪录者又是世博的建设者，更有意义。其实在我们艺术家眼中这已是不折不扣的“观念艺术”了。

艺术家需要痛苦滋养

鲁　豫 / 王小慧

陈鲁豫，著名电视节目主持人

鲁　豫：《我的视觉日记》我读了三遍，看一遍流一次眼泪，看过之后，我想我和无数的读者一样，深深爱上了这本书的作者王小慧。其实在这本书出版之前，我曾经在一本介绍家居布置的杂志上看到过小慧，那本杂志介绍了小慧和她妈妈在天津的家，那个家是小慧一手布置的，照片上的小慧看上去很美，但是神情当中有一丝淡淡的忧郁，让我忍不住想多了解她的故事。后来有一天，我在香港的一家书店发现了繁体字版的《我的视觉日记》，当时我非常激动，毫不犹豫地买下了这本书。

2002年初冬时节，我们在天津的家见到了王小慧，她为举办一次个人摄影展览刚刚从德国回来。王小慧生于天津，她在小学和中学期间又赶上了“文革”动乱年代。因为出身不好，王小慧不论做什么都要比别的孩子艰苦。王小慧的命运出现转机是在1977年，她以优异的成绩考入了上海同济大学。

王小慧：其实，那次我从一开始就不想去参加考试，我一直都在秘密策划逃考，因为我想读艺术院校，而“文革”后第一年恢复高考还没有艺术院校。我跟我的一个朋友说我不想去考试，等到明年也许会恢复艺术院校的。我的首选是电影学院，再就是美术学院、音乐学院也行。结果他去跟我爸爸告发了我，于是我爸爸就每天送我到考场，像监工一样，使我没法逃考。我很要面子，假如没考自然不会录取，逃考好象很英雄似的。而参加考试不好好做题最后不被录取则显得你没本事太没面子。我报考了在所有理工科大学里唯一与艺术有关的专业“建筑学”，结果报考的三所学校都要我，清华、同济、天津大学，我选择了同济大学。

当时我是属于那类用功的学生，同学们开玩笑编出一些“同济之最”，我一个人占了好几项，比如说我还记得说我“夜车”开得最长、

上页图注：鲁豫在王小慧天津的家做访谈

书包背得最大什么的。不过那时深夜才回宿舍常常不是因为读书，而是在暗房里洗照片，甚至整夜不睡，很上瘾。所以我觉得自己并非那种通常意义上典型的“用功”学生，只是给人一种错觉而已。

鲁　豫：与王小慧同年级的另一个班里，有一名才华横溢的男同学，他的设计作业总会挂在建筑系的陈列窗里作为范例，这个男同学就是后来成为王小慧丈夫的俞霖。你们在一个学校上学，可能第一面见时很普通吧。

王小慧：他记得我，但我不记得他。他对我的第一印象很深，这是后来他常常对我讲的。但我只知道他是很优秀的学生，功课是系里最好的。他好像不费力气就总能拿到最高分数，而有些同学无论多努力想赶上他也只能甘拜下风。更加难得的是他人品很好，总乐于帮助其他同学，人缘特好。

鲁　豫：大学二年级时，学校要从建筑学的两个班里，各选拔一名学生去专修一年德语，准备出国留学。王小慧和俞霖都被选中了，于是他们成了同学眼中的金童玉女，也就是这个偶然的机会，使王小慧和俞霖走到了一起。

王小慧：学一年德语以后，应该通过外语考试只选一个人公派去奥地利艺术学院读建筑学，这是一个非常好的机会，可以学六年，一直到研究生毕业，而且是著名的维也纳艺术学院，这正暗合了我梦寐以求的愿望。俞霖功课实际上比我更好，基础扎实，不像我常常是临时抱佛脚，靠点小聪明、小运气，所以我觉得我们两个人竞争，我恐怕竞争不过他。可是最后不知怎么阴错阳差，有一位外语系的学生把这个名额拿走了，原定的考试也取消了，我们两人都没能去。我们到德语系学了一年德语又回到原来的建筑学系，为了赶上原来班级耽误了一年的课程，我们常常一起补习。所以我说是命运把我们两人安排在一起。如果我们两人一个出国，一个在国内，就不可能到一起了，而且还是竞争对手，永远不相往来也说不定。我后来对去奥地利的那个同学说，你还是我们的红娘呢。

鲁　豫：出国留学的努力未能如愿，大学毕业后王小慧考取了本校建筑学的研究生，俞霖则选择了留校任教，两人之间的关系也从同学发展成一对恋人。恋爱中俞霖为王小慧亲手制作了一本影集，这本影集珍藏了他们两人一段美好的时光。

1986 年王小慧读完研究生留校任教不久，被派往德国慕尼黑留学作访问学者。俞霖也公派到德国一所大学攻读博士。那时候能有机会出国是非常令人羡慕的事，出国留学对众多的青年学子来说，更是心中的梦想。出国前王小慧和俞霖悄悄办了结婚手续，他们俩带着新婚的喜悦开始旅德生涯。

与鲁豫、现代传播集团总裁邵忠、德国艺术家Dieter Jung教授一起

王小慧：所以我也很珍惜这个机会，那时出国就像做梦一样，刚开始有好几个月我都觉得像在做梦，我在意大利、法国看到平时在建筑史书本上看到的那些建筑突然变成一种现实在你面前，让你难以置信这一切竟会是真的。

鲁　豫：对，那种感觉我第一次出国时也有。

鲁　豫：王小慧有许多机会去了许多国家，能直接认识异国文化使她兴奋不已，相机几乎成了王小慧的第三只眼睛，她对摄影艺术的喜爱不断升温。

王小慧：那时一起出国的好多同学老师都存钱买“大件”，比如买冰箱、洗衣机什么的，我还是宁愿看电影、买书、拍照片。那时我拍了很多很多的照片，一起去的同事们都笑我，说你每按一下快门就合二十七分尼，这合一元多钱人民币，而我们出国时的月工

王小慧创作的“生命之果”系列雕塑（汉白玉）在同济TIMAC艺术中心的阳台上

资只有五十元钱。我不管这些，仍然在旅途中拍了很多很多，当然也浪费了很多很多，我想没有这些浪费大概也不会有今天的成绩。

鲁　豫：王小慧走上摄影艺术的道路与俞霖对她的帮助密不可分。学生时代，他们就经常利用假期和外出设计的机会，一边旅行一边拍了很多照片。从他俩的合影中我们可以看出，他们对摄影艺术是早已有所追求的。

鲁　豫：每次你拍照片他都帮你当摄影助理吧，比如特别沉的机器都归他背着。

王小慧：对。那时是他开车，到了拍摄地点就帮我背东西，搭三脚架，拿水平仪。他做事特别严谨，一般人拍建筑拍风景，觉得差不多肉眼看地平线平了就行，他一定要量出来，地平线和水平仪上的线要一样齐。他还总要帮我加上遮光罩，我觉得遮光罩有时候根本没有必要，因为大部分时间光不是直接射到镜头里，但是严格地说还是有一点点影响，只是那影响微乎其微，可是他就太精确了，所以拍摄准备过程很繁琐费时，但是日积月累我觉得跟他学了好多东西。如果不是他那么严格要求，我想我也不见得能够拿到那么重要杂志社、出版社的约稿，因为德国人的出版界要求非常高。

鲁　豫：俞霖对王小慧的关爱十分细微，初到德国他们并不能经常见面，后来有很长时间两地分居。俞霖非常思念妻子，闲暇时他亲手雕凿了一只王小慧身影的画盘，作为生日礼物送给王小慧，每看到这个有着浓浓思念之情的画盘，王小慧就想起了俞霖。

王小慧：那时候没钱，又要出去旅行，就到处跑，我们打不起的士，就走很远的路。他总是把所有的包背到自己身上，看我仍然走不动时，他就会在后头推着我走，一边走还一边唱歌为我鼓劲。我就觉得那个画面特别形象，那些年他一直就是这样，推着我向前走。

鲁　豫：可惜当时旁边没有人，要是把那个画面拍下来就好了。

王小慧：是啊。所以我说很少有人能像俞霖这样，他关心我比关心自己多得多，我的事情也比他自己的事情重要得多……

鲁　豫：我不大想谈起俞霖，倒是小慧很坚强，她不愿在镜头前失态，有两次她红了眼圈，停下来喝口水，整整衣服调整一下自己的情绪，更多的时候，她是怀着一种甜蜜和幸福的心情回忆她和俞霖一起那些难忘的日子。

王小慧在旅德生活中，还有过一段凄美的插曲，她到德国不久在一次晚会上，认识了一位名叫安斯佳的演员，他们之间交往不多，但很谈得来。安斯佳非常迷恋王小慧，把她当作自己的梦中情人，渴望能够得到王小慧的爱，但是王小慧只能把他当作一个朋友。1987 年 9 月，就在王小慧一年访问学习期满即将回国的前一天，安斯佳无法面对王小慧即将离他远去的现实，在王小慧住所殉情自尽。

王小慧：他看到俞霖帮我整理行李，就问俞霖是不是肯定跟我一起回国，俞霖毫不犹豫地说他会放弃他的博士奖学金和我一起走的。然后安斯佳问，你是不是很爱她，他说："对，我很爱她"。后来很久安斯佳没有说什么，一直在看着窗子外面，我当时住的那个地方是五层楼，对着通往楼的正门的路。俞霖以为他朝窗外看我是不是回来了，所以也没多问，只管继续收拾行李。他就一直站在窗前向外看着，突然之间，他跳了下去。

鲁　豫：安斯佳临死之前给王小慧写下了一句遗言："我的唇永远达不到你的，他们之间有着沉重的距离"。几天后，王小慧怀着纷乱的心情参加了安斯佳的葬礼。

王小慧：我觉得俞霖那种胸怀很少人能有的，当时我征求他的意见，是否接受安斯佳父母对我的邀请去参加葬礼，他说你去吧，他们请你就是把你当朋友。他很放心地让我去，而且在我犹豫的时候他还鼓励我去，一般男人恐怕做不到。

鲁　豫：那个德国家庭也挺让人感动的，我觉得。尤其是他爸爸，后来送给你一本画册，他的话让我挺感动的。

王小慧：对。你是我们全家的朋友。我觉得印证了俞霖的这句话：他们把你当朋友才请你去参加他的葬礼。安斯佳全家人对我根本没有任何指责，他们甚至一直都在宽慰我。

鲁　豫：我看到你书里的照片非常的小，是黑白的，他是微笑得很淡的，不知道为什么我初看他的眼睛时，感觉目光有点冷漠，最后看他的目光还是很忧郁的。

王小慧：他是特别忧郁型的，而且他这个人太投入，演戏什么的都太投入。他跟我谈话中多次提及罗密欧与朱丽叶这部戏，他很

在廊坊政府“项目中心”前的雕塑作品“日月星辰”

后悔没能演这部戏，他特别能理解罗密欧，导演让他演男二号，他觉得他一辈子最大的遗憾就是年轻的时候没有演罗密欧。他说能够为爱死是最崇高的死，他说人可能有很多原因都会死亡，战争、车祸等等，有许多是无谓的。他觉得死亡的本身不重要，重要的是死的意义是什么。

鲁　豫：安斯佳事件使王小慧精神受到了重创，虽然她和俞霖因为这件事未能如期回国，并最终留在了德国，但王小慧很长一段时间都无法走出这一事件的阴影。1995 年王小慧把安斯佳的事情写成了一个感人的电影剧本《燃尽的蓝蜡烛》。直到那时，安斯佳事件才在王小慧的心中画上了句号。

鲁　豫：我觉得看你的经历，真的很像一部电影，一般我们在编电影的情节时，在一个悲剧发生之前，要找到一些亮丽的色彩，这样反差大，悲剧反应更强烈。

王小慧：我的生命中的确发生过太多不平常的事情，我后来经常看我过去的日记，我觉得人们虚构的许多小说真的没有我的经历那么丰富、那么曲折、那么有传奇色彩、那么有戏剧性。但是，它真的在我的生命中这样发生了。如果把我的故事编成电视剧的话，一定有许多人认为是虚构的，不相信这是真实的事情。

鲁　豫：在小慧的生命中，还有一件很残酷但却是无法回避的，那就是车祸。让我觉得安慰的是，小慧对于车祸本身没有什么记忆了。还有她虽然在车祸中伤的很重，但如今的她依然那么美。

车祸事故以后，王小慧得到德国一些有名的出版社的稿约，为了专心致志从事摄影工作，王小慧选择了在慕尼黑工作，导师又帮助她找到了一个比以前工资还高的工作，并让她能安心地完成博士论文，考虑两周之后，王小慧谢绝了导师的好意，她相信她能在自己选择的道路上走下去。

王小慧：我小时候玩过一种塑料的小玩具，两个站在一起的小人，一按底座他们所有关节都松散下来，一撒手他们又直立起来。在德国这种机械小玩具叫“能重新站起来的小人”，因为不管你把它压得多低，它都会站起来，德国人也把我叫做”能重新站起来的小人”，好像不会倒下了就再站不起来了。可我那时也真不知道，将来会发生什么，我说不管怎么样，我还是要搞艺术。因为我在病床上躺了那么多天，想了许多关于生死的问题。生命这么脆弱，随时随地都可能会消失，所以活着的时候不充分利用你的时间，你就太对不起生命了。我下决心在有生之年只做自己最喜欢的事情。

鲁　豫：王小慧喜欢的事情，首推摄影，而立之年的王小慧曾经在爱丁堡拍下这样一张照片，照片上纵横交错的铁轨仿佛是她自己的人生道路，条条都在闪光，很难说走哪一条更好，而经历了生死劫难后的王小慧不再犹豫了，她在日记中写道：“假如上帝只允许我带走两样东西的话，我一定会毫不犹豫的说这两样东西是：日记本和照相机。”

鲁　豫：你在拍照的时候，有没有什么难忘的经历，你觉得最难忘的经历你能想起来吗？

王小慧：我印象最深刻的一次是在西班牙的一个小镇上，小镇上一个要饭的年轻女子，披着一种麻袋片一样的毯子，又破又脏，脸上也不知道是什么伤，或许她是得了爱滋病，我不知道。她在要饭的时候，我拍她，我先问她可不可以拍，她没有反应，我就拍了她一张，我走近一步，又拍一张，总共拍了三张照片，但她连眼也不眨一下，她根本就视而不见的样子。我有一种全身发凉的感觉，可那是欧洲南部的盛夏季节！我想起一位作家写过老猎人的故事，这个猎人死了，他老伴也很老了，他们一辈子都住在一座山上。他写道：“她活着是为了等待死亡”，这句话我感到很震撼，可这个女孩那么年轻，她给我的感觉也是那样，她活着好像也在为了等待死亡。

鲁　豫：生活中王小慧有过许多关于生命、死亡与爱的思考。这些思考也被王小慧拍成一部电影短片《破碎的月亮》。

1990 至 1991 年间，王小慧曾在德国一所电影学院进修过，她当时创作的剧本后来获得了政府资金，这使她能把剧本搬上银幕，这部没有对白、画面优美的影片大获成功。

鲁　豫：如果一般的女人，同性之间会用比较挑剔的眼光看人，但我觉得你是那种同性也会喜欢的女人，而且会带有一种欣赏的眼光。你自己觉得是这样吗？

王小慧：对，有些人是这样写的，他们说如果一个男人喜欢的女人，就是这个女人很有魅力。如果一个女人喜欢的女人呢，大概就是在魅力之外再加上其他什么因素吧，比如说亲和力，比如说善

在瑞士大师艺术节上获第二个奖项，与艺术节主席和主持人一起接受电视采访

于倾听、善解人意等等。我觉得自己的女朋友比男朋友还要多，跟女朋友可以无话不说，而且好像能得到更多的理解和沟通。我也不知为什么。

鲁　豫：你这么多年就没有再碰到一个，你觉得你能够特别特别爱他的人吗？

王小慧：当然碰到过一些我喜欢的人，但喜欢的人未必都合适一起生活。我挺相信张爱玲那句话，她说选丈夫宁缺勿滥。我的一个助手说她电灯泡坏的时候，她才觉得家里缺一个男人。我开玩笑说，家里要个男人如果只是为了装电灯泡的话，可以雇一个长工嘛。到我这个年龄阶段，已经不是很盲目谈恋爱的年龄了，我知道自己需要什么样的男人。如果没有遇到这样的男人，我不凑合。

鲁　豫：你是作家，你在痛苦的时候，能够写出东西来，如果每天都过得很平淡很幸福的话，就写不出东西，真的是这样吗？

王小慧：我看过《梵高传》，梵高说，艺术家是需要痛苦来滋养的，梵高的老师对他说：如果你是幸福美满的，幸福会麻痹你的神经，幸福不能够造就一个艺术家。在欧洲，许多年轻的艺术家没经历过什么事情，他不知道怎样创作。我总是说如果我是一个普通的女人，我可能更愿意多要一些幸福，可是如果我作为一个艺术家的话，仅仅有幸福，可能不够。

鲁　豫：在我们采访间歇，小慧给我拍了几张照片，我拍过很多照，但是被访者为我拍照这还是第一次。我想摄影不仅是小慧的职业和爱好，这已经成了她生命的一部分。小慧曾经很想要一个自己的孩子，如今她用其他的方式圆了自己做母亲的梦，她说她正在策划一个新的作品系列，主题是“红孩子”。

挑战极限

杨　澜／王小慧

杨澜，著名电视节目主持人

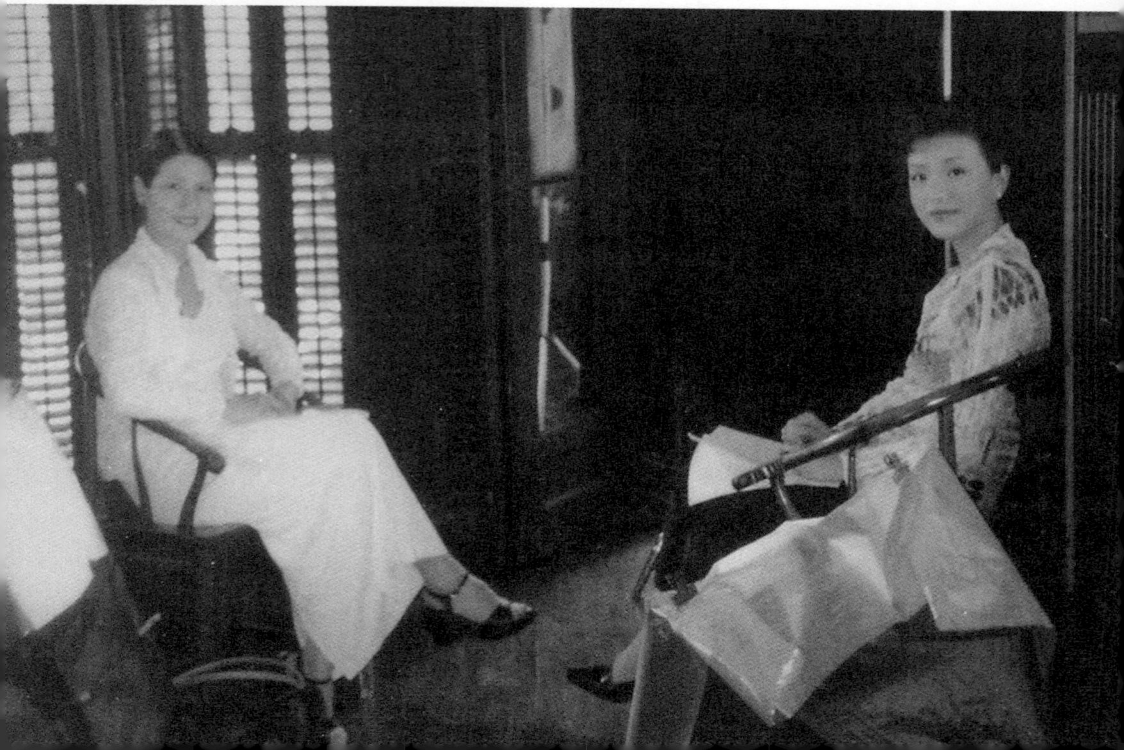

杨　澜：这里是德国慕尼黑市。这个城市不仅聚集了各种各样的建筑风格，也吸引了许多热爱艺术的人们。艺术对您意味什么呢，是茶余饭后的消遣，是养家糊口的手段，还是在闲谈中展现个人品位的话题？对于在上海同济大学学习建筑，之后到慕尼黑留学，然后又转行成了摄影家的王小慧来说，艺术的意义比这些都要深远得多。可以说，在她人生最低潮的时候，正是艺术拯救了她。

杨　澜：你 1991 年在德国和你先生俞霖一起出了车祸，他当时就去世了。你事后在医院里拍了很多自拍照，为什么在这种时候要把自己纪录下来？

王小慧：车祸后，我这一组自拍像被摄影界那些评论家认为特别重要，说是“摄影史里最真实的自拍像”。因为很多自拍像都是那种……

杨　澜：把自己美化的？

王小慧：对，或者没有美化，只是把愿意让人看到的那一瞬间拍了下来。我当时拍这些自拍像也根本没有想到以后会去发表，只是为自己记录下来，就像写日记一样，所以我把它们统称为“我的视觉日记”。当然视觉日记的内容不光局限于拍自己，还拍了许多我周围发生的事情，以及与我生活相关的人和物。我在这之前就有一个习惯——拍我 24 小时内看到的、经历过的各种各样的东西。当时我正在准备一个展览，题目就叫《我的 24 小时》，因为我的 24 小时十分丰富多彩。出了车祸以后，我好像一直在不假思索地、本能地拍摄，就像在继续《我的 24 小时》创作。

杨　澜：你后来还会去看这些照片吗？

王小慧：当然会看。

杨　澜：当你还躺在病床上，知道俞霖已经去世的时候，你用了一百个唇印的吻印在宣纸上来表示自己最后的告别，这让我很感

上页图注：接受杨澜访谈

动。但是实际上当时你的嘴都已经开裂了，对吗？所以，那些唇印是在你非常痛苦的状态下做出来的啊。你是不是会觉得肉体上的痛苦反而会带给精神上一些解脱？

王小慧：当然是很疼痛的。因为我不光是嘴唇干裂，而是整个脸都伤得很重，鼻子是粉碎性骨折，面部还有多处伤痕，所以做100个唇印是挺艰难的事。

杨　澜：那一百个吻，你做了多长时间呢？

王小慧：大概好几个小时，或者说那个晚上基本上就做了这一件事。我整晚没睡觉，一直在断断续续地做，边哭边想写日记。第二天他就被火化了。我想，这对我也算是一种心理治疗的过程吧，好像觉得自己心理有点安慰了，肉体上的疼痛是为了他的，虽然与心灵上的疼痛相比这不算什么。

杨　澜：你拍的电影《破碎的月亮》也是一种自我心理安慰吗？

王小慧：那个剧本是1992年写的，1993年拍摄，1994年才剪接好。写本子的那段时光，我才刚刚恢复身体，正打算重新投身于事业。那时的我在人生的十字街头迷了路，还不知道该怎么走，处于一种很茫然的状态里。所以，电影里的女孩子也同样是充满惶惑与迷茫的，她不断在反躬自问并且在寻找一种理想的东西。

杨　澜：其实这女孩就是你自己，是吧？

王小慧：对，狭义理解的话可以这样说，但比较广义地讲呢，应该是一个人在异国他乡的一种迷惘困惑。比如说一个女孩做梦，梦见了很多飘下来的带子。后来呢，有一个女人在舞台上，她全身赤裸，身上却绑了很多很多互相缠绕的带子。她就使劲想解开这些带子，但又解不开，而舞台下的观众却只是漠不关心地看着。我当时还没有拿到绿卡，不知道将来如何生存，也不知道将来去往何方。实际上你是孤立无援的，你只能自我救赎，挣脱束缚，寻找一条自由之路。

杨　澜：我能不能理解为，从那次车祸以后，你的照片有一段时间由彩色完全转成黑白了呢？

王小慧：黑白照片的创作比较多，占有的比重比较大。我拍照片分为两大类，一类像拍纪录片那样拍，一类像拍故事片那样拍。纪录片那类以纪实为主，包括“视觉日记”一类的照片。而故事片那类呢，是以表达我的所思所想、所感所悟为主。但无论哪类作品，基本上都是随着我的生活轨迹、我的心绪而走。有很长很长一段时间，我主要的创作都是黑白摄影，直至近年才又拍彩色，比如说抽象作品“花之灵·性”等等。

杨　澜：那能不能说，拍花儿的时候是人的生命终于又开始复苏了？

王小慧：我想肯定有一定的关系。有些评论家觉得我这两年重点都在色彩上面，说我这样的转变与我的心情相关。我拍的花儿形态万千，从萌芽到枯萎，整个过程我都会拍下来。

杨　澜：好像你也用花儿来象征生命啊。

王小慧：对。我拍花实际上是在拍一个生命的过程，而花本身仅仅是一种媒介。正所谓，一叶一菩提，一花一世界。我拍人体的初衷亦与此相似，并非是要拍花或人体本身，更不是为了展示花与

在德国著名的“天街”应邀为TNT高级客户举办艺术晚宴并展示摄影及影像作品

人体的美，而是要表达一些观念，一些我对人生的思考。

杨 澜：所以，我们透过相机镜头里所能看到的，就不再只是色调凝重的黑白两色。王小慧镜头里的繁花绚烂，在我看来，都是因为心怀艺术，生命终于重放异彩的缘故吧。如果说，最初放弃德国两所大学的教职，一心要成为自由艺术家，是全凭丈夫的宠爱，那么经历了那场灾难后依然如此坚定的选择，又是为了什么呢？

王小慧：我选择搞自由艺术一方面是为了“自由”这两个字，另一方面也是因为艺术工作的创造性。你总是会有新的灵感、新的创作，工作绝不会枯燥乏味。而教书是一个比较重复性的劳动，在两所大学教了四年书之后，我觉得新鲜的事物少了，吸引我的东西少了。当然每年的学生是新面孔，我还是有兴趣与他们交流，但工作本身对我而言已经失去了挑战性。我是一个喜欢挑战的人。

杨 澜：那你可以去做一个建筑师，工作性质也没有重复性。

王小慧：尽管建筑师的工作我也喜欢，但与摄影、电影、写作等等相比，还不是我最喜欢的工作。就好比有好几个男人你都喜欢，而你最后只能嫁一个人，那你最后还得做决定，做选择。所以，我还是选择了艺术这种无所拘泥的自由创作。因为建筑师常常要听从业主的，通常业主未必真懂，但却握有决定权，而且，你总是要在造价等方面让步妥协。

杨 澜：如果你要当一个职业的艺术家，那么你可能没有稳定的收入吧？据我所知，很多知名的艺术家都可能是相当穷困潦倒的。在你先生还在世的时候，我看你也在书中描述到了，他说：“如果你挣不到钱，我可以养你啊。”但是让我奇怪的是，恰恰是在他去世之后，也就是说没有人可以养你的时候，你反而坚定了决心要做一个职业的艺术家了。

王小慧：对。我实际上做过两次选择。第一次是我先生在世的时候，我决定放弃大学的职位，做职业艺术家，这一点是容易的，我也非常轻松地做了选择。第二次是在车祸以后，不光是他去世了，我自己也与死神擦肩而过。我们在路上的时候心情一直很愉悦，即使是出事前十分钟，我们也还在一起唱着歌。然而，忽然一切都改变了。所以我就在想，如果你知道生命只剩下十分钟，你想用这十分钟做什么？如果你知道生命只剩下一年，你又想用这一年做什么？那么，我想你一定不会浪费这期间的每一分钟吧。那时的我就是这样，我下定了决心，无论如何都要坚定不移地去做自己最想做的事，对我的生命最有价值的事。

杨　澜：那你想过没有，将来万一没有稳定的收入，也没有保险之类的保障，生活要如何继续下去？

王小慧：我这个人向来就不是太现实的人，不太想这些经济问题。

杨　澜：你觉得车到山前必有路吧。

王小慧：对，这也是我最基本的生活哲学之一。另外，就是我一直都比较有自信心。曾经，我拒绝了我的博士导师邀我回他的教研室任教，当时不少朋友反对这件事情，但我跟他们开玩笑说："我相信，就算我再穷困，也不至于潦倒到要去端盘子的地步吧。如果真的沦落到去端盘子，我想我的小费也不会比别人少，因

"女人的上海花园"拍摄中

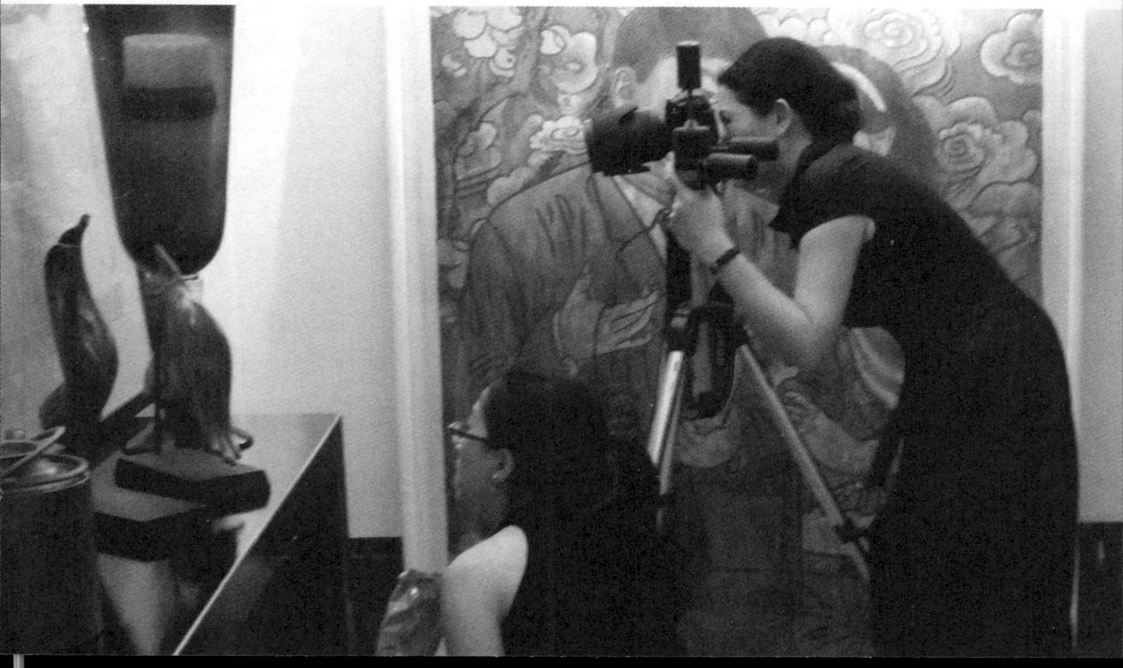

为我会将客人服务得很好。”

杨　澜： 我知道，有一件大事你至今都没有去追究。你和你先生出车祸的那一条路，是叫死亡之路吧？关于车祸的起因，应该说你和警方所持的观点是不同的。按你自己的理解来说，可能车祸的原因并不是由于你们自己的驾驶失误。这么大的一件事，涉及到你们两人自身，一个为此付出了生命，一个付出了那么大的健康代价，为什么不去讨个公道呢？

王小慧： 那次车祸情况很复杂，表面看来是由于我们超车才导致与迎面开来的车相撞。当时我们超的车是一辆很长的大货车，所以我们根本来不及回到原来的车道。当地警察简单地把过错全归到我们超车的一方身上，说我们跟在一辆小货车后面超车。倘若果真如此的话，当然100％是我们的错误，但后来我的律师朋友调查时发现了诸多问题，特别是警察为保护对方而隐瞒的许多事实。例如他是刚刚从一条支道上拐入快速道，他不该以八十公里超速行驶，而且，当时的三个目击者都没在证词上明确指出我们跟在那辆所谓的小货车后超车。这与事实出入太大了，但警察却没按规定留下证人的地址与电话，只留下了他们的姓名，想找到他们就需要花费大量的时间，可谓是大海捞针。然而，警察帮对方的意图也是显而易见的，他们是同村的熟人，而我们两个中国人看了车祸现场，也几乎不敢相信有人能活着出来。不过，假如我提出上诉，并且最后赢了官司的话，可能会拿到一笔很大的保险金。

杨　澜： 不光是保险金，因为你先生去世了，还被人家误认为自己驾驶失误造成的，那不是很冤枉吗？即使不是为了钱，是不是也应该证明那不是他的错？

王小慧： 的确当时有不少朋友这样劝过我，包括那个律师朋友，他也愿奉陪到底，但都被我婉言谢绝了。我觉得生命太宝贵了，花时间打官司还不如去搞创作。这些事情太过繁琐，我不愿意禁锢在一个很不愉快的回忆里，我宁愿依我的心思照我的方式来纪念他，追忆他。我当时花了很多时间，整理他所有的东西：他的博士论文稿，他尚未发表的文字，还有他做过的很多设计，尤其是他的建筑设计，曾经得过很多奖，我当时筹备替他出一个全集。所以，我为此花了很多时间，包括联系出版，请人撰文等等，我觉得做这些事的意义大得多，虽然这可能没有任何经济价值。

杨　澜：现在的王小慧是忙碌的。德国的杂志上甚至出现了这样一幅漫画：一个身背行囊和相机的女子四处旅行，旁边有许多路牌指向世界各地，而她的脑袋则是一个大闹钟。旁边的路人在说："那不是小慧吗?"现在的王小慧也是快乐的。我原以为对她的采访免不了悲戚伤感的情绪，没想到在她的脸上，反而可以看到如此平和的笑意。在这样的笑容中，灾难所残留的伤痕正在逐渐淡去。

王小慧在英格兰拍摄的早期作品，她爸爸看了之后感慨万千，纵横交错的线条仿佛预示着小慧一波三折的人生。而小慧的妈妈则似乎要豁达一些，她对女儿说，自行车只有在骑着的时候才不会倒下来，有时候，人要给自己非常强大的、内在的支撑。

王小慧：我受母亲影响比较大一些，我母亲是做音乐的，也是一个独具艺术气质、不食人间烟火的人。她一生遭受过的挫折要比我多得多。她很小就因家庭原因被迫结婚，不久后又失去了她的第一个丈夫和三个亲生孩子，还有七位亲人也在战争中丧生。但她立誓走学者的路，坚持勤学苦读，解放后第一年就以第三名的优异成绩考上了中央音乐学院。两次政治活动，包括文化大革命，她都因此受到了严厉的打击，但她至今都能保持着一种非常纯净的心态生活，并且毫无怨言，仍对生活充满着爱。这点我挺像她的，没有被生活的不幸拖垮，我俩都属于外柔内刚的类型。

杨　澜：看得出。

王小慧：就是说，人家或许觉得我们看上去弱不禁风，而实际上我们经历过许多大事件。我想，一般的男人也许都不如我们更能够承受灾难带来的伤痛。

杨　澜：有一些人，当他们心爱的人在突如其来的灾难中去世以后，为了要忘记过去，重新开始生活，会有很多的挣扎。比如说，他可能认为，我今天过得好就是对已经去世的、非常爱我的人的一种背叛，有种很矛盾的心理。

王小慧：我没有，我觉得我没有。我和我先生的一张合影一直挂在我的书房里，后来我也有了男朋友，还是很快乐。我总是说，包括对我后来的男朋友也那么说，俞霖那么爱我，他的在天之灵一定特别希望我幸福。

杨　澜：但是你会把现在的男朋友去跟他比较吗？

王小慧：可能会有，也许也是一种不自觉的比较吧。

杨　澜：那你觉得对后来的人公平吗？

王小慧：不公平，肯定不公平。但是我这个人一直要求比较

在香港博览会馆内为2500人演讲

高，比较完美主义。

杨　澜：你刚才谈到你先生，他的博士论文好像是写上海的城市改造。你每次到上海的时候可能会有一种陌生的感觉，因为毕竟你离开同济大学时的上海和现在的上海完全不同。你走到一些地方会不会想起你们当年在一起学习、工作的情景？

王小慧：我这次回来的首要任务之一就是要利用跟德国作家一起活动的空隙，去我住的老房子那里拍一些照片和录像。那个房子马上就要拆掉了，就在茂名路巨鹿路路口。我们在那儿也待了好长时间呢，很有感情的。每次开车经过花园饭店、锦江饭店的街口，总会回想起当年许多情景。只是，原来我和他合作设计的上海清真饭店也已经被拆掉了。

杨　澜：是啊，都拆掉了。

王小慧：就在人民广场旁边的西藏路口。我曾经写过一篇文章：家乡对我的意义实际上就是父母、家人、朋友，还有你特别熟悉的一些景物。我的家人在天津，大部分朋友都在上海，我最熟悉的很多景物都能在上海看到，所以上海对我来说很亲切。

杨　澜：人们在观看你的摄影作品时，很难不去把你跌宕坎坷的人生经历联系在一起。你觉得这对于一个职业艺术家来说是一件好事还是坏事？你怕不怕别人把太多艺术之外的东西带到对你艺术作品的欣赏中来？

王小慧：最近，我在台湾国际视觉艺术中心办了个人摄影展。台湾很有名的艺评家陆蓉之教授作了一个演讲，专门讲到了这个问题，底下的观众也提了很多跟我个人有关的问题。我问他们："你们为什么不多提点跟艺术有关的问题呢？"她说："像你这样的人，艺术和人生是相辅相成的，根本没有办法分开来。"我本来不希望大家多谈关于我个人隐私和生活方面的话题，但是她说："就应该让大家谈，这样他们才能够更好地理解你的艺术。"

杨　澜：如果说，《我的视觉日记》比较带有自传的色彩，或像你刚才说的，纪录的色彩。那么，另外一个系列，《从眼睛到眼睛》，就应该是纪录人和人之间的关系和沟通的桥梁。作为一个摄影师，不使用长焦且不借助人为光线，去近距离地拍摄人物，你一共这样拍了多少人？

王小慧： 那很多了，数不清了。

杨　澜： 几百个，有吗？

王小慧： 大概有几千个吧。

杨　澜： 几千个。其实我觉得，首先要突破的可能是摄影者本身的心理障碍。有时候大街上不认识的人，你要突然走近他、甚至凑到他脸上去拍一张照片。对你来说，这个障碍容易突破吗？

王小慧： 开始时不容易，但后来变成很习惯的事情了。

杨　澜： 你当时要求的是什么呢？这个人一定要正面地看着你，是吧？

王小慧： 他一定要看我，一定要看镜头，而且必须要离得很近，一般拍肖像大约起码需要一米左右吧。这些肖像大都是在周游世界时拍的，我不觉得拍摄很困难，但有时在中国，人们会很不习惯。不过，最困难的还是拍那些泰国妓女……

杨　澜： 她们还向你泼过饮料，是吧？

王小慧： 对，有些人想把饮料泼到照相机上。不过也有相反的情形，有时甚至是她们主动让你拍，甚至撕开衣服让你拍。

杨　澜： 在异国他乡，特别是在欧洲那样充满了文化气息的地方生活了这些年以后，你觉得自己的个性有所改变吗？例如先前谈到的东方女性，对于一个好女孩的培养是非常严谨的。

王小慧： 对啊。现在德国的妇女时尚杂志上，甚至在封面的文章标题里经常会出现教你如何“flirten”，我不知道中文有没有这个词，这个词直译叫“调情”或者“挑逗”。这个词中文里显得厉害了一点，在德文里边，就是一种很轻微的“撩拨”。怎么跟人家去眉目传情，才能交到男友。好像不然女孩子就显示不出自己的魅力。

杨　澜：在中国文化里，传统家庭都不会跟女孩子说这些事情啊。

王小慧：不但不说，传统的中国女孩子还被教导要目不斜视，不要去看陌生人，就算他主动看你，你也不要看他。我上大学时，有个陌生男孩子在公众场合看我，我却不去看他。德国人就认为你这样很奇怪。他很想跟你交往，主动跟你搭讪，你为什么这么“傲气”，连个正眼也不愿意给他。所以他们跟我开玩笑，给我起了一个外号叫做“北京紫禁城”。

杨　澜：守得很严，是吧？

王小慧：德语里“紫禁城”直译为“被禁止进入的城堡”，就是说好像攻不进去的样子。反之，他们说德国女人是“汉堡自由港”。

杨　澜：那么，你在德国参加演员训练班，在最后一节课上，老师要求你们跳性感的莎乐美舞，这种心理的界限是不是也需要去突破它？

王小慧：最后，我被那个老师说服了。那个老师是从美国非常著名的演员学校请来的，他要求每个人都要做这个表演。整个演员学习班大概几十个人吧，每天都要有几个人上台去表演，因为要诱惑别人，所以他们大部分是跳脱衣舞，有的几乎脱光，有的脱得比较少。直到最后三周的学习班快结束时，我都打定了主意，这个舞我是肯定不会去参加的，当时班上只有两个人没参加，一个是我，还有一个是特别胖的演员。我跟老师说：我是中国人，在文化上不能接受这些。学习班结束倒数第二天，老师找我谈话，他说，我不勉强你，学习班是你们上的。只是有一点：你如果不做的话，你会少学到好多东西，而那三周的学习班是交了很高学费的。我那天晚上思考了很久。

杨　澜：思想斗争，对吗？

王小慧：对，最后我采取了一个折中的办法。我没有真正地脱

上页图注：在工作室中

衣，而是穿了一件在欧洲被看作很性感的黑色漆皮短风衣，里面穿了那种很诱人的内衣和长筒网眼丝袜，每次我打开风衣的时候，我就刚好舞蹈跳到背对着观众的位置。但整个的舞蹈是连续的，所以呢，像音乐那样……

杨　澜：给他们留一点想象的空间，对吧？

王小慧：他们反而觉得更好，不那么直白，但似乎挑逗性更强，更能表现主题“诱惑”，又没丧失我的原则。他们说好象是百老汇歌舞剧《西贡小姐》里的演员在跳舞，根本与我平日判若两人。

最后，在学习班结束时全班无记名投票选出五名“最佳女演员”候选人，我居然在几乎清一色的专业演员中当选第一。这个结果虽然意外，但整个学习过程对于我来说确实是一种突破吧。后来，我在另外一个学习班里学到，如何认识自己，包括自己的过去与未来。当时老师也举过一个例子，如果你把一只跳蚤放在一个小盒子里，它就只能跳这么高；但是，如果你把它放在一个大盒子里，它就能比原先跳得高得多。

杨　澜：你过去二十多年的生活，能不能说是一个小跳蚤不断进入更大的盒子的一个过程呢？

王小慧：我想可以这样说。我妈妈说我是在跳高，目标标尺常常定得太高，实际上我也没把握跳那么高，但是我还是跳过去了。但每一次摔到沙坑里后，还会回抬头看一看。

杨　澜：都不相信自己能够跳过去，是吗？

王小慧：不，是杆子还在抖动，就是说我处在了极限状态。你每次都能跳过去，下次你就敢再升高一点。但如果你不是这样的话，你下次就不敢再升高。我觉得，每次你达到了你本来觉得是极限的地方，你就会对自己更增加一份自信。我的追求目标总是在极限状态之上。

她是“独一无二”的；她的艺术既不是很中国，也不是很西方，而只是只属于她自己的。

抓住每一瞬间的感动

黄　文／王小慧

黄文，摄影师、中央电视台节目主持人

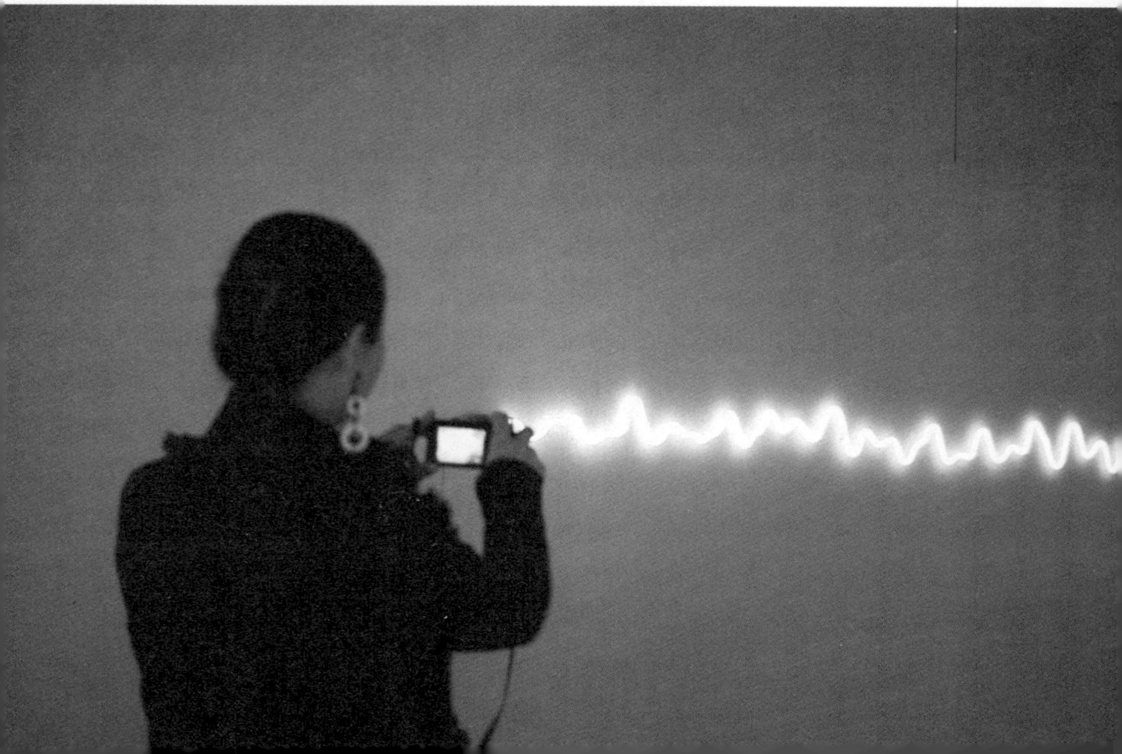

黄　文：许多评论家说王小慧的作品是“作家摄影”，是用摄影来讲述故事、描绘人生，是位灵魂医生。的确，王小慧正是怀着一种爱意，把自己所经历的一切珍藏在心灵的谷仓里，用艺术去慢慢地加工消化，慢慢地治疗痛苦，慢慢地超越过去。听你的背景故事的时候，我才知道你其实是一位建筑师。那建筑和摄影在你的生活中是怎样出现的呢？

王小慧：摄影原本是我最大的爱好，这个爱好源于“文革”期间。那时没有任何业余文化生活，这个爱好便像是沙漠里的绿洲，为我的生活带来了许多乐趣。我十三岁的时候，我的一位姨父借给我一架照相机，教我拍照。我至今还记得他教我的一些构图原理，现在回想起来好像很可笑。比如他告诉我说，我们到公园里去拍湖的照片，一定要有点近景，否则画面会很单调，千万记住要找些垂柳叶子什么的“把湖景框住”。虽然现在觉得很可笑，但他是我最早的一位启蒙老师，我打心底里感激他，特别是他的耐心与鼓励。他总是不断地夸奖我，如果他老是严厉批评我的话，我可能很快就没有兴趣了。我觉得小孩在初学一样东西时，老师越鼓励，小孩的兴趣就越大。我学建筑学也是受他影响……

黄　文：当时你把建筑当作你的专业，但是你没有放弃摄影，那么那个时候的摄影是拍些什么呢？

王小慧：大学期间我和五个同学创建了学生摄影协会，我们有时拍点学校的活动，类似小记者的身份，再就是拍一些建筑资料。特别是我读研究生的时候，还有一笔经费，其他的研究生是用来做实验或研究的。而我的课题“研究”实际上就是到处旅行、到处考察建筑并拍下来。这对我来说是非常幸运的一件事，也是建筑学系研究生令外系学生羡慕的“奢侈”。

黄　文：听起来还是没有跳出实用摄影的圈子。

王小慧：我刚才就想说那时候拍建筑是“主业”，但我经常高兴了就会拍一点不是“主业”的东西。比如拍风景、拍一些比较有情趣的小品，像落叶呀，水波呀，云呀，雾呀什么的，偶尔也会拍些人物。不过这些都拍得很少，总觉得是在浪费胶卷。八十年代中期，我们出国之前的工资大概是五十元，而当时一卷柯达幻灯片加上冲印费是二十七元，为了省钱，幻灯框还自己一张张手工去装。两卷胶卷相当于我们一个月的工资，所以那时不得不非常节约胶卷。这倒养成了我“三思而后拍”的习惯，不轻易按下快门，这未必是件坏事。

黄　文：王小慧选择建筑专业，也成全了她一段美好的爱情。王小慧的丈夫俞霖是她的同学，他们一起学习，一起作为同济大学建筑系的高材生留校任教，一起设计和完成他们的建筑处女作，又在 1986 年同时拿到公费奖学金，一起去德国留学，主攻方向还是建筑学。

黄　文：但你去了德国之后，你的摄影发生了根本的改变，这

乘朋友的私人飞机拍摄瑞士的冰川和意大利的海

种影响是从哪儿来的？

王小慧：出国前有位朋友劝我说，两样东西不要节省：邮票和胶卷。我到了德国可以不必像过去那样在按快门前考虑来考虑去，也越来越多地拍摄那种非“主业”的照片，很是放纵自己。出国一年后，俞霖在圣诞节时给了我一份意外惊喜，他把我拍的那些风景啊、小品啊、人啊，甚至云啊、雾啊、水波啊的照片都放大，装裱得很漂亮。因为我那时大都是拍幻灯片，太小不容易看清，也与放大的照片感觉不一样。我们当时住在一个很有名的艺术教授家里，他太太是雕塑家，儿子是画家，一个典型的艺术之家。他们觉得那么漂亮的照片一定要办一个家庭展览。教授临时打电话邀请了很多艺术界的朋友来家里看，也没有请柬呀什么的，反正圣诞、元旦是很长的假期，朋友们都很空闲。他家是座三层的小楼，那些天家里摆得到处都是照片，墙上、地上、桌子上，甚至楼梯上。就是那次偶然的展览，我好像第一次突然受到承认：好多艺术家、专业摄影师、出版商、评论家、艺术教授都很赞赏，甚至有人向我约稿，也有人问我你为什么不搞专业摄影？这个问题在这之前我想也没想过。

黄　文：你那次给大家看的是什么照片？

王小慧：那是我出国后在欧洲旅行时拍的照片，进修一年我与同事一起跑过许多国家，做欧洲建筑与城市规划方面的考察，后来又与丈夫和朋友跑过英国、意大利、东德还有东欧几个国家，因为那些国家旅行费用相对比较便宜。他放大的照片里既有建筑与城市的照片，还有一些风景照。许多风景大家都觉得像油画，反正是比较有情调的那种，比如我拍的布拉格与大家平时看到的挤满游客的样子不同，好像是电影场景似的。我也拍过自己住的城市慕尼黑，大家觉得不像是他们司空见惯的城市景象，说：“没想到他们从不留意的场景在我的镜头下变得那么有魅力”。这也是我拿到第一本摄影集《观察与体验——慕尼黑》稿约的起因。

黄　文：我记得第一次看你在德国的展览，有一张是拍了一个男人，那个男人正走过雨地，当时，我看了那张照片之后，不知道为什么有种触动，我觉得这个摄影师很孤单，那是你当时的心境吗？当时你是不是感觉非常孤独？

王小慧：当时我并不感觉孤独。那是我在荷兰与同事们一起参观建筑时偶然拍摄的一张照片。

黄　文：我的感觉是你加入了一种很淡很忧伤的情绪，反正我是被这种东西打动了。

王小慧：我想我这个人的性格基调大约就是那种容易被打动、被感动、比较敏感的类型。出国前和别的女孩子一起看电视剧，我常会为剧情感动得无法自拔。旁边的女孩子会推着我说："哭什么，那是假的啊。"这让我觉得很煞风景，因为我愿意沉浸在被感动的那种忧伤的氛围里。

黄　文：究竟是什么样的东西打动了你，触动了心弦让你按动快门？

王小慧：我想引用作家冯骥才评论我作品时的几句话，我觉得

每次旅行回来都有大量底片需要整理分类归档

他的评价挺准确的："她不是用眼睛来看，而是用心来看世界，一旦看到她便心跳了，绝无清晰的思辨，却是一阵情绪的波澜。在她的相机里，所有的机械部件都由心来牵动，镜头上也布满过敏的神经，当神经颤抖起来，她便牵动快门，这牵动快门的一念，只是要把稍纵即逝的心灵感动永久地固定"。我想我的摄影就是试图抓住瞬间的感动。有时候别人对我说，哎呀，没时间了，你回来再拍吧！反正那东西跑不掉的。我说不行，就是那一瞬间，就是那一小点感动，过去了就没有了。也许回来时景物没有变，但我与景物"神交"的那点火花消失了，我也没有了拍摄欲望。

黄　文：就在王小慧辞去做了四年的大学教职，开始职业摄影生涯的第一天，俞霖同王小慧去完成她的摄影稿约《观察与体验——布拉格》。就是那一天，为了帮助王小慧尽快实现职业摄影之梦，俞霖走上了自己的不归之路。从此死亡以及与死亡的抗争成了王小慧作品中永远抹不去的主题，即使是在拍花的时候。

王小慧：我曾经拍过一个系列叫做"关于死亡的联想"，是在俞霖去世以后，用了几年时间完成。在1997年的德国摄影节上第一次公开展出并引起了轰动。死亡是一个非常主题，因为我是用"联想"的方式，"联想"就不是直接拍摄死亡。许多摄影师直接拍摄死亡，比如说战地新闻记者，我则是用一种比较个人化、艺术化甚至女性化的方式来拍摄的。

黄　文：有位摄影家说了一个非常有意思的观点，他说在摄影艺术当中，男性摄影师和女性摄影师的照片里的女性是不一样的。你觉得作为一个女性摄影家，当你去拍自己姐妹的时候，你所关注的是什么？

王小慧：我想很多男人拍女人，他们可能更注重一些外表的美，虽然这并不能一概而论，而我则更注重一些气质上的东西。比如我在里斯本拍的这个女人，她绝对不是一个美人，而且年纪也不轻了，可是她给人的感觉有许多内在的东西。我特别喜欢的一张照片是一个女渔民，在武汉湖边划船的，虽然经过风吹日晒，她的皮肤很黑，人也不是出众地漂亮，但她那种气质特别吸引我。我觉得这是在我们这个喧嚣浮躁的社会，特别是大城市里很难碰得到的宁静柔和的面孔，而且那么天然无雕饰，毫不做作。那眼神静得像她身后的那大片湖水。对我来说她很美。还有像这张照片，是我拍的一个儿童乞丐，她跟着母亲讨饭，正在吃别人的残羹剩饭，是我在北京火车站附近拍到的。她的眼神很真，很打动我。还有许多外表不美的女人，我觉得拍下来会成为很好的艺术作品。生活中的丑可能就是艺术中的美。

黄　文：我在看你的抽象摄影的时候，有点疑惑，觉得这张照片也叫抽象吗？

王小慧：这可以算是比较具象的抽象吧。这是我看到地上的黄色斑马线被汽车压过的样子，因为光线反射，色彩强烈，许多人误以为是秋天的树林。像这张是卡车上面被划伤的线，看去像冬天的雪景。这张是我在洗玻璃瓶的时候，玻璃瓶反光。我做了一些剪切，许多人觉得像是乌云翻滚的海景。不过这些像风景的照片还不是完全意义上的抽象摄影，人们一般很容易联想为风景等等。有人说 21 世纪艺术所共有的特征就是形象的抽象和思想的具体。摄影作为一种独立的艺术近二十年来受到越来越多的承认，这就是说它已经不仅仅是一种记录性的、再现外部世界的手段，它应当像绘画、雕塑等其他造型艺术那样，寻找自己独特的语言和表现方法。抽象摄影就是这种寻找的方向之一。虽然至今还少有人问津，但它不仅表现了材料构成的美感和形态塑造，而且给予了单纯的表象以更多理解的可能性，更多的想像空间，范围更广的表达。

黄　文：如果有人评价说王小慧是一个非常主观的摄影家，你同意这样的评价吗？

王小慧：我可以同意。而且正因为我较少有单纯记录、再现客观的摄影，所以我的大部分作品都有一种很强的内在观念性。比如说拍摄的人体作品有“阴与阳”系列、“洗去血迹”系列、“人际关系”系列等；拍摄的花卉作品则有“花之灵”系列、“花之性”系列、“花之殇”系列等。即使是“视觉日记”一类看似纪实性的作品，实际上也有一个贯穿始终的概念性主题。这些作品虽然每张都是再现客观现实的，但整体看上去是把生命当作一场旷日持久的行为艺术，这是整个创作过程中不可或缺的。毕加索曾说过：“画，无论完成与否，都是我日记的一页”，也只有在连贯的整体观照之中才有意义。我想我的作品也有类似的特质。同样的道理，我在全世界旅行时所拍的那些肖像也可以整体性地去看，它就是我后来整合之后创作的摄影组照《同一个世界》和影像作品《天涯若比邻》。

黄　文：一个主观的摄影家会把自己的想法加到她所拍摄的影像当中去，但是我们却不能够指望读者一定能从我们的作品当中读出我们想传达的意思。

随时随地都拿着小相机拍摄“视觉日记”，那时还没有手机和数码相机呢

王小慧： 我觉得这种多义的理解对一个艺术作品来说并不见得是坏事。每个观赏者对你的作品有他们自己的理解，这样作品就留下了很多想象的空间。我的硕士论文在时隔十几年后出版成书，叫做《建筑·文化·艺术的传播》，是以建筑为实例来论述视觉艺术，传播学理论的。我认为任何艺术都有艺术家与观赏者之间的传播（Communication）的问题。如果艺术家想表达的意思能被欣赏者理解，即被人“读懂”，说明这个传播是成功的。艺术家的观念是由构思到符号的转化过程，带有原始信息的符号系统也随之转化为新的系统，即“欣赏系统”中的有机元素，然后由欣赏者反馈到艺术家的系统则为“反馈系统”，三个子系统共同构成一个封闭的循环，即整个传播的过程。

艺术家发出信息，也收到反馈信息，观赏者要接收信息，译解信息，并输出一部分反馈信息。但他们能理解多少与其文化观念、审美观念、价值观念、经验、趣味等息息相关。艺术家与欣赏者永远只是趋近的状态。艺术家要表达的原始信息与观赏者所接收到的信息永远不可能是完全相同的。我既反对孤芳自赏式的艺术家，也反对为市场左右的、媚俗的艺术家。艺术家同时肩负着引导社会的责任。

黄　文： 你出国到现在已经十几年了，那么多年一个人在国外生活，觉得孤单吗？

王小慧： 我说我可能没有时间去感受这种孤单，因为我太忙，忙到连好朋友都几个月顾不上见面。可能实际上还是很孤独的，所以我怕在德国过圣诞节。德国人的圣诞节很家庭式，有许多朋友会请我到他们家去过圣诞夜，但是我不愿在这个时候去感受别人的家庭，所以这个时候可能是一年中唯一我觉得比较孤单的时候。其他的时候，比如说旅行时，我觉得反而一个人是一种更好的状态。因为一个人你能思考、能创作，你的思想空间特别大而且特别自由，我很享受这种孤独。

黄　文： 当你孤独的时候，你就选择摄影。

在同济艺术中心走廊里

王小慧：孤独或不孤独我都会摄影的。没有摄影我也不可能那么快走出人生低潮或者低谷，我觉得艺术是能够帮助人生的。

黄　文：对于你来说，摄影究竟意味着什么？

王小慧：我想摄影对于我来说不是职业、不是爱好、不是可有可无的东西。摄影是我的一种本能，夸张点说是一种痴迷、一种狂热，是我的一种瘾。

黄　文：为了摄影，王小慧失去了自己最珍爱的人，同时又是摄影成就了她辉煌的艺术生涯。从某种意义上说，这份成就是爱人用生命换来的，王小慧又怎么能不珍爱他。她让自己不停地的工作，她要让这份努力传达给爱她关心她的人们。“艺术可以帮助人生”，我觉得这句话可以说是对王小慧十五年艺术生涯的最好概括。

九生而自由

沈奇岚／王小慧

沈奇岚，作家、《艺术世界》编辑部主任，德国明斯特大学哲学博士

看《九生》画册，忍不住落泪。和看王小慧的书不同，图片的直接，让我体会了她的生命。

《梦境中的寻找》，让人倍觉美丽和心疼。那是一种克制之后的倾吐。所以她才隔了那么久把这些图片发表出来。当沙砾意外地滚入了蚌壳的心里，你无法叫喊，你只能承受。直到，那沙砾成为了莹亮的珍珠，你才会把自己打开。

你不是要诉说自己的疼痛，你不是要让别人同情或者落泪，你只是想说：那些意外与疼痛，如今已经成为了生命的养分和一部分。生与死之间，全赖艺术搭救。

如果此刻，不能撤销。那么，凡杀不死你的，都必使你更坚强，更丰盈。

艺术拒绝平庸艺术需要骨气

沈奇岚：你的照片常常是一组一组地出现，在《九生》画册中出现的《梦境中的寻找》是你在不同的地方拍摄的照片，主题却又相关。

王小慧：我不喜欢每一张照片都给它一个固定的名字，我总是喜欢有系列的，或者总体上是观念性的。所以我做的不是观念艺术，但是我是观念性艺术家。可以用来描述的词是“conceptualizing”，因为有了后缀“ing”便有了一种“现在进行时”的含义，不是我们通常理解的比较狭隘的观念艺术。

这个观念是流动的，不能单独判断。例如“视觉日记”，你可能会觉得它是个很纪实的东西，单独的照片就是肖像，但是长久地去看，我十几年如一日地做这个事情，就是一个观念性的艺术。我知道的一位艺术家曾做过一个简单又很难做到的行为艺术，就是把

上页图注：在泰国南部乘竹筏去拍摄，那些年总是那么自由

自己关起来，一个小时打一次卡，整整打了一年。打卡这个事情很普通，很多公司上班族天天要做，但是他把这个事情连续地做下来，睡觉的时候也做，测试了自己的极限，人的极限承受度，这个就是观念艺术了。

沈奇岚：这属于行为艺术一类，你也做吗？

王小慧：我觉得我这个人的一生可以说就是一场行为艺术。我小时候向往电影、小说所描述的那种生活，希望我的人生可以像电影一样。因为电影里的人不睡觉、不吃饭，很少做日常的事情，如果我们平时的生活像电影那么精彩就好了。

沈奇岚：你不是个享乐主义者？

王小慧：我是个会享乐的人，但是享乐的时候，不知为什么，常会觉得于心不安，觉得浪费了时间，应该去做没做完的事情。

沈奇岚：最近的享乐是什么？

王小慧：不能说是享乐，但可说是享受的。最近我最享受一件事情，是陪着刚刚出院的父亲说话。三个月前他病得很重，人几乎都衰竭了，一直靠输液维持，不能吃饭，也没有思维。医生说要准备后事，但我一点都没有往这方面想，即使所有的人都说他不行了。我常常在病房整晚偷偷地哭，后悔没能多陪陪他。虽然我固执地相信他不会离开我，但有时候我会拿着录像机对着他拍一会儿，想将来如果见不到他时能看看他的录像。当时我还很迷信，按照别人说的，去买了一棵大葱，放在他最喜欢的一套西装里面，说这样可以冲走病气。后来他靠我的许多医生朋友的全力抢救，被救活了，但还是因为出血过多，脑子已经不好了。前两天我去天津陪他说话，那天他都不知道自己是谁，说他是皇帝的丈夫。我说，那不就是同性恋啦。他就说：那是秘密，你就不知道啦。那些别人看来都没有逻辑的对话，只要还能进行，我就很高兴。他能活下来，这就是一种意外的惊喜，与亲人一起是人生最大的享受之一，就像我们说的天伦之乐，什么都代替不了。

沈奇岚： 在这个陪伴父亲看病的过程中，你仍坚持拍摄。为什么拍呢？用来做什么？

王小慧： 这个也是"视觉日记"啊。这就是一个大的行为艺术。如果我一辈子坚持做这一件事，就可以看作是一个长久的和生命联系在一起的行为艺术。这个艺术本身不是准备要展览或者发表，这不是最重要的，对我而言这个过程本身更重要。可能就永远放在那里不会去动它，就像很多录像带放在我的资料室里却从来没再看过一次。

沈奇岚： 那么你的作品《又见梨花》是否也是这场行为艺术中的一个片段？

王小慧： 可以这么说。以前我和妈妈总是互相写很长很长的信。我读大学时没有很多钱，她就称了信纸，三张纸用一张邮票。她常常会贴两、三张邮票寄厚厚的信，而且每页都写得密密麻麻。我们无话不说、无话不写。我二十年前寄给她一张照片，我站在梨花下面，还

在同济新媒体艺术国际中心（TIMAC）办公室里

有一首歌《梨花又开放》，但是她不喜欢那个歌词，她不希望我用伤感的情绪去唱妈妈不在的心情。于是她给我回信，重新写了一段词："不管我在天涯海角到处流浪，她的心永远都在我的身旁。"二十年后我才用了这个素材，这是用艺术的方式回给她的信。

沈奇岚：即使是日常的事情，你表达起来都会那样浪漫。

王小慧：我有艺术化的倾向，我习惯把生活中平庸的东西变得艺术化。那个我给她擦眼泪的镜头，是在南开大学，我被聘为兼职教授，妈妈激动时拍的。她说这完成了我外公多年以来想到清华、北大或南开教书的心愿，她说她一定要把聘书的复印件烧了给我外公。其实拍的时候，没有想过要用到这个片子里面来。

沈奇岚：为什么把色调处理得那样简单？

王小慧：我喜欢简洁的表达方式，也就是和生活的距离拉得远一些。我不喜欢自然主义的表达。我不希望艺术作品再现生活。

沈奇岚：那么《逝者如斯夫》这个短片又是怎样一个创作的过程？

王小慧：我说不清楚具体的灵感从哪里来。最早大约是二十年前，曾经想拍一组和落花、流水有关的照片。我拍过一些在水里的花瓣，但是德国人不能理解那是中国人很多时候对时光逝去的诗意的感叹。这回展览的主题是"无边界"。我觉得从物质角度而言，光和水都可以是无边界的，除非给它限制。时间也是个无边界的东西。这样就把那些伤感的小情调变得更有哲学含义。从画面上看，也不再是落花、流水的小品了，而且为此专门找作曲家写了很抽象、很前卫的音乐，我觉得非常大气。外国人不懂"逝者如斯夫"这几个中文字，所以就译成："时间的痕迹"（Timetrace-Light）。

沈奇岚：那个许多大学生说有"无边界的自由"定义的录像，又是怎样一个创作缘由？

王小慧：我一直都喜欢和年轻人在一起。我这个计划本来是想让中国大学生来说，什么是"无边界的自由"，再让德国的大学生、美国的大学生来说，再看看有哪些异同。同样的问题问不同国家的老人，可能是完全不同的答案，但是年轻人就会有比较多的共同之处，可以看出，随着时代的发展，边界正在缩小。这样做很有趣。

沈奇岚：为什么宝马公司会选择你作为年度艺术家呢？

王小慧：大家觉得没有人比我更合适。一个是要有知名度，然后要有国际性，第三，是要和他们的品牌形象符合。后来在展厅做了一系列东西方对话的论坛，有九次电视直播，所以到后面会有那么多观众来。一般艺术家可能做不到这么跨领域，有文学的，有建筑的，有文化的。而且，我也能够找到这样的朋友来参加这样的论坛。

沈奇岚：你确实认识很多的人，但是你好像从来不属于一个团体或者是一个圈子？

王小慧：我是几个重要摄影家协会的会员，但我从不热心参加他们的活动，因为我太忙。我不愿意把时间浪费在应酬上。我太独往独来了，而且我不属于哪个圈子，既不属于德国艺术家圈子，也不属于中国艺术家圈子。反正，我就属于我自己吧。

沈奇岚：有没有什么人影响到你的创作？比如说你拍“花之灵”，有没有受到欧姬芙（Georgia O′keeffe）的启发？她用画笔，你用相机。

王小慧：我认识许多艺术家往往都是在我做了作品之后，别人来分析说我的作品和谁的有某些相近之处。但评论家特别讨论过，说我与欧姬芙的重大区别，艺术不能只从形式上去判断。像我拍电影，他们就说我的作品和俄罗斯的一个大师很像。其实我在之前都没有看过他的影片。

沈奇岚：你觉得作为一个艺术家，最大的困难是什么？

王小慧：艺术家难的是要不受金钱和名誉的诱惑。很多艺术家都面临生存的问题。当两者有矛盾的时候，如果屈服于市场，那就会不断重复自己。十年前我比较好卖的东西是人体照片，这题材古今中外都是好卖的。但是如果我依赖这个市场的话我就不可能发展了。很多年我都没有拍人体，因为尝试不同的东西让我有新的超越和新的愉悦。我开始拍抽象的时候，根本就没有人感兴趣，不像现在许多人买我拍的抽象作品。

沈奇岚： 你从来没有经历过这种矛盾？

王小慧： 不是没有碰到，但我的选择从来没有任何犹豫。

沈奇岚： 也就是说你从来都选择自由。

王小慧： 对。

沈奇岚： 难道你没有经历过经济上的窘迫么？

王小慧： 窘迫？当然有过。出车祸之后，确实经济非常困难。我当时自己辞去两所大学的教职，又不能工作，父母到德国来照顾我。我记得爸爸都不敢喝酒了，因为太贵，烟他也很节省，常常把烟头吸到很小才掐灭。记得有两次他在中国商店买了一头大蒜，可能是三马克，后来装东西的时候忘在店里面。他跑了很远的路，再把那头大蒜找回来。

上海与汉堡结为姊妹城市20周年之际在汉堡市政厅广场前作为“形象大使”主持庆典

沈奇岚：即使穷，你和你的家庭其实都活得很有尊严。

王小慧：我们都是活得非常骄傲的人。这点确实值得自豪。那个时候，我妈妈教德国朋友打太极拳。凡是认识的朋友，全都不收费。为什么和摄影家齐格丽特成了很好很好的朋友，我想与这些都有关系。比如那时候我们坚持不收她学费。她其实很有钱，在柏林、慕尼黑、巴塞罗纳都有房子，我妈妈自己坐车过去给她单独上课。六马克的路费，对妈妈而言很昂贵。那时上一次课可以收六十马克，而且她多次表示要付钱，不理解我们为什么坚持。但是再穷，我们都不会丧失尊严，不会人穷志短。这些好多人都做不到。我们家就是这样的，可以一个星期不吃肉，但是不好意思去收朋友的钱。德国人觉得收钱理所当然，但我们就觉得不能那么做。这是一种老派知识分子的品格。

该如何去懂王小慧。不是用艺术史，也不是用现成的概念，要用生命！

她在用她的生命创作和体会世界，那些意图把她规范到美术史或者什么派别里的企图，都会失望而回。

创作的内容或者形式，是一种技巧，也是灵感，而她赋予了它们力量和生命。

终于理解了你的一幅照片，挂在你家里的那么一大幅，一些抽象的三角形和曲线，也用在了《九生》的画册里面。那日我在西湖边上走，已是秋天，荷都谢了。枝桠都弯折到了水里，一大片，三角形，和曲线。一瞬间，我就明白了你那幅照片的由来。那是一种具体的抽象。单单呈现残荷是没有太大的艺术价值的，而经过你的镜头诠释之后，我们看到了残荷永恒的美。

当我带着对具体景象的体会再来阅读你的照片时，我感受到的激动无法言语。那种精粹的美，也透出了生的气息。单纯地记录生是无意义的，你在那生到死的一瞬间，记录了永恒。

生宛若烟花，却并非无法成为永恒。

永恒的并非生本身，而是生之美丽，生逝去时的美丽，甚至连死之静默都是这美的一部分。

你捕捉到了，因你早已体会过了。

生命好像一场火灾

因为那种骨气，她常常放弃大好的市场。她有她自己的衡量。从死神手里抢回来的时间，不是用来赚钱的。

她的时间留给了想法，她的胃就遭了殃。中秋节布展的时候，她就天天都吃人家送来的月饼。她的冰箱里不是胶卷就是花，不会有食物，应急时就买茶叶蛋。甚至有一次从早忙到下午六点。她在赶一场讲座之前，在教室旁边的小餐厅歇了一下。身旁坐着她的学生，学生在吃意大利肉酱面。她向学生要了两勺肉酱来吃。这是她那一天里的第一口食物。她的助手偷偷告诉我，“小慧老师可以成仙了，一天就吃两块饼干，喝几口咖啡就行。而且常常这样。”

她和俞霖共同遭遇的那场劫难让她真正成熟，知道自己的手应该抓住什么：照相机和日记本。那是她用来体验生命最重要的两种工具。“大悲，而后生存，胜于跟那些小哀小愁日日讨价还价。”三毛的这句话，是王小慧的写照。

于是，她全力与时间赛跑。生命好像一场火灾，她绝不浪费一秒在现场，也绝不浪费一秒在可以被烧去的身外之物上。她反而活得如一只小太阳，将光和热辐射在她周遭的人身上。对于人，她从不吝啬真情，她只对自己苛刻。

沈奇岚：你的时间总是非常非常紧迫。但是这次我去杭州参观你展览，观察你开展前后几天的生活，发现你会和一个不认识的慕名而来的大学生交谈一个小时，却常常不会为自己花十分钟去吃饭。你如何权衡时间?

王小慧: 我觉得可能那一个小时对她而言是非常重要的，会令她一生难忘，甚至会影响她人生的重大选择。我觉得这是个特别有意义的事情。一些事情如果纯粹为了消遣或享乐就不值得了。

沈奇岚: 你渐渐在上海开始了许多活动。除了展览，你在同济大学做了一个艺术工作场，你会在那里做什么事情呢?

王小慧: “工作场”即“workshop”，就是和学生一起创作、互动的一个地方。摄影这个东西一定要实践，不是个纯理论的东西。

沈奇岚: 你现在担任大学的兼职教授，那么你不能固定上课，你觉得能给学生带来些什么呢?

王小慧: 在我是大学新生的时候，听过一次贝聿铭的讲座，也就两个小时，但对我学习建筑学、对建筑学专业的理解都很有帮助，甚至对我的影响是一辈子的。我希望我可以启发大家一些新的思路，不要走太循规蹈矩的路。知识也重要，但是比起创造力来，后者更重要。创造力是无可取代的，我希望激发学生的创造力，原创力。

沈奇岚: 你教学生摄影，主要是教些什么呢?

王小慧: 我要教学生的一定不是技术，我的学生自身应当比较精通技术。我希望的是我们共同创作的这个过程本身可以让他们用完全不同的方式。第一次的 workshop 的主题就是“创造性地看”。

第二类就是短训班，有一些我做的大项目，希望可以吸引一些有才华的年轻人一起来做，这对他们也很好。假如我当年做过一个知名摄影家的助手的话，一定会学到很多很多的东西。我遇到一个女孩子，她就要去法国学摄影了，但是她决定来我这里工作一段时间。可能在我这里很辛苦，但如果她真想搞摄影、搞艺术，能在我这里工作的话，一定会学到跟课堂上不同的东西。

还有第三个就是文化交流，让东西方文化界、中德文化界交流。这次“王小慧艺术工作场”受杭州市政府委托，邀请九位德国著名摄影家去杭州采风拍摄，我是团长。这九位摄影家中好几位都是第一次来中国。我们在中国美院美术馆做了这些德国著名摄影家的作品联展。后来，我带着他们一起到同济做了很好的讲座，大礼堂又都挤满了人。

做这些事情，我都没有经济方面的考虑。做文化交流，我从来不收报酬的。包括当年给上海当形象大使，请德国作家来上海采风，忙得晕头转向，其实完全是义务劳动。真正有意义的事情，我可以一分钱不要，我宁可赔钱，包括我拍电影，也是赔钱的，但是有些事情我会比较在乎。

沈奇岚：你这样重义轻利，怎样负担自己的生活呢？而且你还经常到处旅行。

王小慧：我在德国是一个很大的出版集团的顾问，也做过电视台的顾问，还做过大的建筑方面的项目顾问。他们给的工资很高，大约十年前一天的工资就是一千五百马克。当时我的奖学金是一个月一千三百马克。我帮他们干一个星期，我就有好几个月的房租。如果短期的工作就可以把我全年的生活费都解决了，我为什么不做呢？我就可以去三个国家旅行了。何况这些项目也是我喜欢的。

沈奇岚：为什么你总是能够让人信任你，例如出书。在国外出图册是不赚钱的事情，但是总是有好几家出版社等着要你的稿子。

王小慧：确实很多德国的摄影家都很惊奇为什么我可以出这么多的摄影集。我运气挺好的，我不需要拿着东西去找人、去求人，可能在中国也是这样。如果你去找人的话，相互间的心理感觉就不一样，就是供求关系。我从来没有去求人，除了第一年法兰克福书展拿着我初出茅庐的照片给出版商看。不过那次马上就有了四本书的稿约，我真觉得自己运气出奇的好。有些人年年去年年失望而归。还有，合作中的口碑很重要，编辑可能还会给你介绍新的编辑。有些人打一次交道，就没人想再理他了。那些出版社是一个很小的圈子，如果你和一个出版社关系不好，大家都会知道。但是后来大家都会对我说，你怎么不来我们这里，慢慢就成了大家都希望我在他们那里出书。

沈奇岚：是否一开始的时候，你的德国朋友们就很看重你？或者你也经历过一个过程？

王小慧：例如早年和我合作的出版社编辑，他们认为自己很有经验，自然是礼貌的，但是骨子里还是居高临下的。因为在欧洲出画册很难，给一个外国留学生、初学者出画册简直是个恩赐。可是他们和我一起工作以后，就慢慢发现我很值得合作。从表面的友好转为由衷的尊重，什么事都征求我的意见。后来我说封面要怎样，他们也同意。一开始我出《龙的故乡》，他们直接用手拿我的幻灯片，通常我都是小心地戴着手套去拿的。我很心疼但也不好意思说什么。现在他们就按照特别标准的方法，戴上手套来拿幻灯片。

沈奇岚：你觉得你在德国可以生活、工作得游刃有余的原因是什么？

王小慧：一方面我懂这两个国家的文化。例如浦东机场设计的投标，还有深圳市中心广场的设计投标，我会对他们讲，这个可能中国人会喜欢，为什么；那个未必会受欢迎，为什么。有的人德语好，但是不懂建筑，有些人懂建筑，但是德语不好。我觉得语言很重要。有的人有才能，就是不能很好地表达；可能你的水平很高，可是人家不能全部理解，不能充分体现自己的价值。很多在国外发展得好的人一定和他掌握的语言以及表达能力是分不开的。

沈奇岚：这样你就可以有更大的自由去实现你的艺术创作了。

王小慧：是的。我不像其他的艺术家，只靠他的艺术，就很依赖自己卖画。

三十六天前，五千朵莲蓬碧绿。三十六天后，五千朵莲蓬干枯。

花开花谢，已是无常。偏偏，结了果实的莲蓬还蕴藏了这等生命的力量。三十六天，缓慢而残酷，优美而坚强，将生命的绽放和凝结再次铺陈。

“我想展现的，是一个生命的过程。”你说。你给这五千朵莲蓬取名：“九生”。

如你。

那莲蓬，凋落过一次之后的生命更有力量，而且知道方向。花之灵，是死而后生的力量。那场车祸之后，她选择留在国外，继续摄影。如果没有钱，她想过了，可以去餐馆端盘子。她觉得自己服务态度不错，拿的小费应该可以不少。若再不济，可以应当地电视台之邀，上电视教人做中国菜。不能放弃照相机，这是她唯一的条件。

她甚至放弃了车祸的庞大诉讼，因为那耗时长久，她不想为了几个钱长期纠缠在无意义的纷争之中。她已经遭受了最大的损失，而且无法补偿。她要去布拉格，完成那本画册，告慰俞霖。路上她嘱咐司机，一定要经过14号国道。她要拍摄他们出事的地点。

风低吹，泪开始流，王小慧摆好了相机。

眼前的影像有些模糊，她按下快门。

从这里开始，开始九生。

九生而自由。

火焰还是空气

“最好能碰到一个男人，我们相爱，我们都有自己足够的个人空间，我的艺术也使他非常享受。”这几乎很难，她的爱情往往和她更爱的自由狭路相逢。

还是在慕尼黑的时候，有一天她突然收到两封短信。有个人为了能与王小慧共进晚餐宁愿从别的城市飞过来。其中一封信里还附了张回寄的明信片，那个执着的男人替王小慧拟好了三种选择：一、这周末晚上六点半；二、以后合适的时间再安排；三、请不要再打扰我。王小慧只要选择打钩，然后将明信片扔回到邮筒里。而且无论她怎么选择，他们都不会生她的气。

沈奇岚： 自由是否也意味着循规蹈矩的生活无法吸引你？

王小慧： 我最近碰到大学时的一个初恋情人。现在以平常的心态来看他，一个让我二十岁时那么痴迷的人，我却无法想象现在和他在一起会什么样子。他是一个温和、内向、做事不紧不慢、稳稳当当的人，我想和现在的我不太合适。如果当初真的跟他在一起，或许我会不满意，或许我会和他分开，或许我会把自己改变，不会按我的本性自由发展。

沈奇岚： 艺术是一种自由的生活方式，这是否也决定了你很难找到一个 Partner（拍档）？

王小慧： 我觉得艺术家单身不单身不是最关键的，而是她的 Partner 是不是适应她的生活方式。我不是一个独身主义者，有志同道合的当然最好。我是个女人，而且是一个非常感性的女人，我不觉得我的选择都是智慧的，肯定有很多失误，因为我总是跟着感觉走。

沈奇岚： 你觉得怎样才是可以打动你的浪漫？

王小慧： 那种浪漫情调不是单纯建立在物质基础上的。在一个非常简陋的小茅屋里，都可以有浪漫的情调。我和俞霖刚出国留学时一无所有，住在屋顶小阁楼上，但我们总能营造一个两人空间。我在学生宿舍过的生日，他把所有东西都布置成蓝色的：蓝蜡烛、蓝纸巾、蓝汽球，我穿了蓝色连衣裙、戴了蓝色绢花，请了许多中国和德国的同学，自己烧中国菜。大家惊讶在学生宿舍用这么简单的方式就可以搞这么有情调的生日派对。像我的父母登记结婚后，当时我父亲在东北一个造纸厂当工程师，他们在一个小土坡上手拉着手看那夕阳西下，他告诉她说："我会永远爱你，即使你离开我……"，这让我妈妈感动了很多年的浪漫场面并不要花一分钱。现在许多媒体误导年轻人，好像浪漫一定要吃法国大餐，一定要在国外旅行等等，反而让人忘记了浪漫其实不是用金钱可以买来的，很多浪漫不是和物质相联系的。

沈奇岚：我看过你准备的天津展览开幕式贵宾名单，许多公司的总裁都来参加。这是很难得的事情，因为一个外国艺术家在自己的国家举办展览，他们会为此特地来一次中国。为什么他们会觉得你值得这样被对待？什么样的人在收藏你的作品？

王小慧：比如说卡地亚的欧洲总裁，他是一个收藏极简主义作品的收藏家。他的太太专门收藏摄影作品，他们觉得我很像弗里达·卡罗。我认识他们是因为他们想认识我，我的画廊老板就带我去他们家吃饭。这样收藏家和艺术家就可以成为朋友。

我画廊老板很传统，他会让艺术家和收藏家做朋友。那些收藏家如果刚好喜欢你的作品的话，就会收藏。不是说这个作品三年后会涨价他们才买你的画，因为他们不认为这是买股票。有个收藏家家里很有钱，他说任何能买到的东西子女们都可以自己去买，所以只能送艺术品了。他先后已买了十几张我的抽象作品。

沈奇岚：你的收藏家是喜欢你的人多一些，还是你的艺术作品更多一些？

王小慧：有个银行家开玩笑说，可以开一个王小慧 Fans（粉丝）俱乐部，让慕尼黑市长做头儿。德语有个词叫做：Lliebehaber，可以译为“爱好者”，也可以译为“情人”。他们说他们都是我的人和艺术的 Lliebehaber，他们就是王小慧的 Llieberhaber，里面包括王小慧的人和艺术。大家也分不清楚，可能是因为人更喜欢艺术，或者因为艺术就更喜欢人了。有一个人一直想和我合作写书，我以前都不当回事。他特别喜欢收藏车。有一次他把他的车拍成照片寄给我，告诉我他最大的愿望就是从科隆到慕尼黑来带着我兜兜风。我觉得他很荒唐，就没有理他。后来他问我有没有看到那张照片，我看是看了，但也没有多注意。他说那个车牌号码是我的生日和名字的缩写。他是收集我的每一本书，能找到每一份关于我的报道的那种人。

沈奇岚： 其中有没有人追求过你呢？

王小慧： 其实从女人的角度而言，他们可能就敬而远之了。我这个人大概是中看不中用的。真的娶回家，是没有很多时间给他们的。那么他们就太亏了，还是作为一件艺术品远远地欣赏比较好。

沈奇岚： 可远观而不可亵玩？

王小慧： 大概是吧。其实他们常常很矛盾，一方面欣赏我的创造性，能有那么多作品，那么多新书，另一方面又希望一个女人能有很多时间陪伴他们，像欧洲大部分全职太太那样。他们不能想想，真正的全职太太不会再有那么多时间创作了。当我不再创作时，他们还能是我的“Lliebehaber”吗？

爱有两种，王小慧说，一种如同火，炽热，直接，能够让人燃烧，让人马上感觉激烈；一种如同空气，或许你不是时时刻刻感觉到它的存在，但若缺少片刻，便无法呼吸。俞霖的爱，无疑是

《破碎的月亮》拍摄现场

后者。

安斯佳，是前者。这个才华横溢的德国演员因对她深刻、无望的爱而自杀，她现在拒绝谈他。“安斯佳能不能不说？你不觉得太多了吗?”王小慧用她黑宝石一样的眼睛直视着，他是她最珍贵的回忆之一，在她心底最温柔的地方，这不是一件可以八卦的事情。媒体对安斯佳过多的咀嚼已经超过了她的限度，她的拒绝，是她对他的尊重和守护，也是对爱的守护。死亡第一次横陈在王小慧的眼前，是安斯佳的决然，最后她用影片《燃尽的蓝蜡烛》找到了感情的出口和去处。

第二次，是俞霖，她的丈夫，她的空气。即使在他离去后的日子里，他的处世方法，他的行为习惯，甚至随手的涂鸦也深刻地影响着王小慧的情绪和决定。

有人会误解她，认为王小慧是用她的灾难和丈夫来装点自己。其实对后来的爱情她也很坦诚。在《我的视觉日记》中，她曾描述了几段后来让她困惑过的爱情。口舌是他人的，爱是她的。她有她的生活，她知道自己的心在哪里。

念去千里烟波，守候的人已去远方。你只能行走，行走，追寻他和自己。过去的意义依然敞开，等着你用自己未来的行程去重新定义它的意义，就是那幅“向着明亮的地方”。

你在走的，不仅仅是你一个人的旅程，你也代替着他，继续走了下去。当初，是他推着你顶风而去。如今，依然是的。

你用你的爱，让我们至今还记得他。而且，他的身份不仅仅是“王小慧的爱人”，而且还是一个“有才华的人，值得尊敬的人，值得深爱的人”。你用让人尊重的方式来让我们铭记他。

因你，他还和我们一同活着。

真正的朋友就是亲人

出车祸时，王小慧刚刚停了自己的医疗保险。那是最困难的时候。德国的留学生为她发起了捐款活动，她的导师毫不犹豫地给她做了担保，她曾经任职的德国大学里的教研室很少在每日下午茶时间吃蛋糕和点心了，省下的钱用来帮助王小慧。

她总是会有朋友，那种真正的朋友。

她本是性情中人，做自己喜欢的事情，从来随性。她的朋友也是同道中人。这次在她新开幕的艺术工作场里展出了十位德国摄影家的作品。这些摄影家自费来到上海支持她的活动，其中包括了她的忘年交慕尼黑市长夫妇。这让人无法相信，这样重要的政治人物，居然为了一次艺术展出而私人出访。市长说："人生在世怎么能不做点疯狂的事情呢？"这样的性情中人当然可以成为王小慧的朋友。

她通晓人情与处世规则，拿捏得当几乎浑然天成，但却毫不影响她脸上的天真神情。那份天真和执着，是要懂得规避人性中的许多幽暗才能守护得住的。

获SMG风尚大典之"年度风尚摄影师"大奖，与羽西、陈辰和古巨基等在台上

沈奇岚：你接触的很多人，是否他们都能够成为你的朋友？

王小慧：我对朋友的概念已经和很多人不一样。我对很多人说，你们把所有的人都叫做朋友。中国人不会把“朋友”和“熟人”分开，我不认为生意上的合作者或者酒肉朋友是真正意义上的朋友，有些人可能一块儿玩儿可以玩儿得很好，真有了事却无法一起共患难。

但是德国人是分得很清很细的，“朋友”和“熟人”甚至还分为“一般的”和“好的”。完全都是不同的定义，语气上都有很多区别。

沈奇岚：你觉得怎样才能叫做朋友？

王小慧：真正的朋友就像亲人一样，天涯海角都不会丢掉的。就像我妈妈，我一年没有看见她了，我回中国都没有时间去看她，我一直没有时间。但是亲人这种感情太强烈了，天涯若比邻，无法摧毁的。

沈奇岚：你对朋友和对熟人的态度是怎样划分的？

王小慧：像我这样的人，就算当初不是很有名的时候，也像有个磁场一样，从来都会有很多人喜欢我，有钱没钱的人都有，都喜欢跟我结识，交朋友，所以到哪里我都不缺熟人。但是这些熟人到底有几个可以做朋友，这需要经过考验。我们的友谊不建在这个之上。如果朋友之间斤斤计较，那根本不能算是朋友。比如我回到上海，忙了忙又回了德国，没有空给朋友打电话，如果他连这点都不理解，怎么可以叫朋友。亲人一样的朋友，就像一个圆，半径可以无限长，但是不会丢，其他的，半径可以很短。你可以有很多圈子里的熟人，当你换一个地方又可能很快有一圈新的熟人，而旧的熟人也许会慢慢淡忘，永远不再来往。而真正的朋友则无论到哪里都不会失去，真正的朋友没有利害方面的考虑，而且真正的朋友需要很珍惜。

沈奇岚：你选择艺术家朋友的标准是什么？

王小慧：东西好，人也好。

沈奇岚：你会钦佩什么样的艺术家？

王小慧：善良很重要。智慧也很重要。我不喜欢太死板的，太循规蹈矩的。我喜欢有灵性的，有活力的，能互相启发的人，但我不喜欢夸夸其谈的人。我在德国认识一个导演，他自己在写剧本，写了十多年了。每次碰到他都说在写，快好了。这样的人，我就不相信他最后能够写出一个剧本来。

沈奇岚：有没有你觉得很棒的朋友？能举个例子吗？

王小慧：有很多我很钦佩的朋友，否则恐怕我们也不能成为真正的好朋友。有次朋友开玩笑说你的朋友怎么都那么出色，人那么好？我说连这样的人我都没时间给他们，怎么有时间与那些不出色、人品又不怎么样的人交往呢？举个例子，有一个我钦佩的朋友，也是我作品的收藏家，世界最著名的电影器材生产商阿莱（Alexa）公司的老板。他有很多爱好：网球、高尔夫、哲学、天体物理。他每天有很多工作，但是好像总有很多闲暇时间。他很成功，但是很朴实。他在湖边的别墅旁种了几百棵珍稀的树，但是他挂在浴室里的睡衣好旧好旧。他说别人送他的新睡衣已经无数件了，他就是喜欢这件，有感情了便不肯随意丢弃。

他说，如果我在中国办展览，他一定来，就是要答应和他单独吃一顿晚饭，或者去看看我的父母。他最生气的就是我说没有时间。他说他管几千个人，你就管你一个人，怎么还会没有时间。他们这样的人就很难得。有的有钱人自成一个小圈子，但是他对这种小圈子不屑一顾；而有的有钱人用职业和身份来评判人。我和别人交谈，是因为这个人有吸引力，绝对不是因为对方有钱有势。有些职位很高的人是很没意思的，这样的人我不愿多花时间。

沈奇岚：你什么时候可以拥有平凡女人的快乐？

王小慧：有些时候我会很开心。作为顾问，我与德国人出差去北京的时候住酒店，我总是订国际俱乐部，因为那里离秀水街很近。每天活动之后，德国人总是要去洗澡更衣，我就趁那一个小时冲过去买很多东西。有时店主以为我是批发的，因为我会很痛快地买很多，更没时间讨价还价。当我在德国，晚上戴个围巾，大家都说好看，我告诉她们这个才三欧元。她们说你应当说是一千零三欧元啊，因为飞机票也在里面了。

沈奇岚：你会奢侈么？

王小慧：我有时候会奖励自己。在柬埔寨，我就买了一串红宝石、一串蓝宝石项链。我也没多考虑价钱。我开幕式穿的旗袍，单单就是因为喜欢那块双层的日本纱布料，在德国设计并手工制作的，花了很多钱。这种时候我就不太多想了，只要自己高兴就好。我卖一张照片要一万欧元呢，只当奖励一下自己。有一次规定自己一定要把这些钱花光，后来怎么都花不完。

我不太斤斤计较。我买东西，往往在路上看到了，就马上冲进去，买了就走。我不会花时间在逛街上。凡是犹豫的东西我一定要放弃，这是俞霖教我的，好像挺有效。但在拍照时，可拍可不拍的时候，就会拍下来。我是不怕浪费胶卷的。

她还是那个会宠爱自己的女子。可她从来没有忘记生命仍然在火灾之中，火焰与空气，都是这场行为艺术的美丽，都是成就这份生命丰富的养分。

去者忧苦尽褪，来者悲欢且长。

她知自己已被厚赐了许多爱。她要怎样做，才能不辜负？

她依然在路上。席慕蓉的诗写到："让我们并肩走过荒凉的河岸仰望夜空，生命的狂喜与刺痛，都在这顷刻，宛如烟火"。《梦境中的寻找》，是那整片整片暗夜的烟花，在你的生命中绽放。

而到了《九生》，你已经超越了那样的境界，繁花再生。我看到的你，不曾被过去损坏，反而更有力量。愿爱过你、关怀过你、靠近过你的人都不曾后悔。

愿有来有回，有种子发芽，有花开声音，有果实落地。

有命如九生。

九生而自由。

继续，走下去。

涉海而过，芙蓉万朵。

王小慧接到我的电话，询问了采访的问题后，只表达了一个希望：请不要再纠缠于那十年前的往事了。我说好的。

仔细地看完了王小慧的《我的视觉日记》，其实已经足够了。她是如此单纯地披露内心世界，以艺术“加工”的方式完成对往事情感的祭奠。那是永存的纪念。所以，多说无益。她的要求是对的。

我们坐在顶层画廊，看着下午的阳光一点点离开，窗外是大片大片黄浦区的老房子，红色屋顶铺展开缓缓的角度，我们的对话也从她自身过渡到上海这个城市。因为她这个选择飘泊在旅行中的女艺术家突然说：上海已经成为一个能够让她定居的城市。

一个国际自由人在上海

于　是／王小慧

于是，自由作家、专栏作者

于　是：这两年间，您频繁地出现在国内媒体，因为自传和展览，也因为您中德两国文化交流的“大使”身份。今年你作为德国作家代表团的团长访问中国，去年还作为专家和嘉宾出席了平遥国际摄影展，和巩俐一起为欧莱雅大赛颁奖等等。对于自己已经成为一个公众人物、媒体焦点，您自己是如何看待的？

王小慧：假如要我界定我的身份，我会说：我是一个自由创作的艺术家，以摄影为主要的艺术表达方式，也不排除其他的艺术方式，比如文字、影像或者是综合媒材，总之，比较随心所欲。至于作为公众人物或媒体焦点，这与一个艺术家的身份并不矛盾。如果大众喜欢你，媒体不会负面报道你，说明你作为一个艺术家已经得到了认可，这是值得高兴的事。当代的艺术家不应该把自己关到“象牙塔”内，束之高阁。

于　是：在德国也这样吗？这些公众身份会不会影响你以后的个人创作？

王小慧：在德国我也是一个公众人物，以前我在国内比较低调，是因为我没有时间回来，回来也仅仅是看望父母。现在和在德国的情况差不多了。德国人会在某些场合很自然地联想到我。很早以前我就给德国的出版公司和电视台做中国方面的顾问，我还曾为一个德国很大的建筑设计公司做过顾问，参与浦东机场的投标。在中德建交三十周年的时候，作为汉堡上海周的形象大使，开幕那天在汉堡市政厅前，面对公众，用德语和中文主持节目，为上海申办世博会，让更多的人了解中国，做一些力所能及的事。我还帮上海市政府邀请了几位著名的德国作家，出版了《德国作家看上海》一书。在时间精力允许的情况下，我很愿意在这些方面尽自己的微薄之力。当然，太忙的时候也会推掉一些公众活动，比如今年德国的“中国新年音乐会”主持人等等。除了时间更紧些之外，这些不妨

上页图注：在悉尼港口

碍我的艺术创作，相反，我常能有许多收获，它们直接或间接地影响了我的创作。我也很喜欢与人交往，比如这次和这些本来就很喜欢的作家们十天的亲密接触、交谈都是十分有益的，平时没有这种机会和时间。

于　是：艺术还是您的首要事业。

王小慧：我不认为艺术是我的事业。艺术是我最基本的生活方式。职业、事业应该是可以有假期的，有的艺术家也可以把艺术当作职业，当作一种谋生手段。他们每天就像有一个开关一样，能够随时转换工作状态和休闲状态。可是我做不到，我就是停不下来。说句调侃的话，我这辈子大概是要“将艺术进行到底”啦。就连做梦的时候我都会在潜意识中继续我的艺术构思。我的梦色彩非常强烈、很具有形式感。我拍过的一部电影就是一系列梦境的艺术再现。不过，我也觉得很累，夜里做了比较特别的梦都还要爬起来，把梦写到日记本上。我的医生一直劝告我：打断睡眠是非常不好的，等于一天 24 小时都在持续思考，大脑得不到休息。

于　是：也许这也是单身女艺术家的优势之一？

王小慧：是啊，我也无法想象和一个男人一起生活还会半夜爬起来写梦的日记，或者说是名副其实的“夜记”吧。

于　是：想过自己也许有一天会想要安定的生活吗？

王小慧：我相信我不会完全定在哪一个地方。我的生活方式就是典型的国际自由人。但不安定并不意味着不能静下来做事情，静下来思考些什么。我认识的许多知名艺术家，企业家常常在好几个国家都有住所。

于　是：“国际自由人”是一个很新的名词，曾经在国内媒体上也有所讨论，一般认为需要这样几种条件：有一门技术，可以“走遍天下”都被需要；能说两种以上的外语，有足够的与人沟通的能力；并且适应数码时代的互联网生活方式。您觉得自己是这样的“国际自由人”吗？

王小慧：别的条件我都符合了，也许只是电脑方面我没有做到。

于　是：您是不是有意排斥这种科技生活？

王小慧：不不！我不排斥。我丝毫不拒绝互联网，只是我连打字都不太会，没有时间学、也没有时间用。我和朋友一起外出旅行，看别人累极了深夜回到酒店还要坚持上网收发邮件，因为德国人好像有个约定俗成的规矩，E-mail收到二十四小时之内不回是不礼貌的。那时我会暗自庆幸：在旅行的时候终于可以没有人找到我了！当然平时我会让助手帮我上网收发邮件。

于　是：国际自由人的婚姻、家庭和感情的"可能方案"会是什么情况？

王小慧（几乎是坚定不移地说）：恐怕还是单身最适合。

于　是：您喜欢一个城市有什么标准吗？怎样的一个城市才会让你"萌生爱意"？

王小慧：笼统来说，就是要感觉好。客观地说一个城市好，要

在巴伐利亚保险公司美术馆个展上

看它的景观、包括建筑风格、自然环境，还有气候。比如汉堡总是下雨，这为城市减了不少分，所以当地人说只有出太阳的日子才算好日子。我喜欢汉堡，因为那里有非常漂亮的白色建筑，城市的中间还有湖。我喜欢水，喜欢靠近海的港口城市，或者干脆靠在海边，像悉尼或是斯德哥尔摩。但后者气候冷了些，北欧人也比较冷漠，所以综合考虑又不太喜欢了，虽然北欧的风景很独特。上海在我眼中还不是那种典型的港口城市。一个城市的“人文环境”也很重要，要有文化气息，有艺术环境，让你觉得有地方可去，而且自己不是异类。

于　是：您现在为什么觉得上海“排名上升”，成为您可以定居的城市呢？

王小慧：前提始终都是：我不会只“定居”在什么地方，而是“居住”。十年前的上海还没有香港感觉好，所以我把香港排在“我可以居住的五个城市”之中，另外四个城市是：纽约、巴黎、悉尼、威尼斯。但是现在觉得，上海已经完全可以取代香港了。我还有一个女作家朋友说过，一个城市之所以可爱是因为有可爱的人。上海有很多我的朋友，认识的或不认识的，非常可爱的人！看书的人总是比看展览的人要多，所以由于我的书而知道我的人也在这几年间多了起来。我在母校同济大学做过两次讲演，每次大礼堂都是爆满。有次是六月雨季，下了雨还有那么多人来，走廊里摆满了雨伞，有人拍了那个走廊和伞的照片送给我，我非常喜欢。而且，坐在第一、第二排的都是白发苍苍的老人，有的是以前的老师，有的是退休的院士，还有我的同学。我感到强烈的亲切感，这种感觉真好，你会觉得真的是回娘家了。

于　是：早期您一直热爱表现自然景色中的孤寂乃至忧伤，比如拍摄了很多湖水和波纹。现在怎么会喜欢在大都市中生活呢？不觉得矛盾吗？

王小慧：我喜欢住在大城市的中心地带，主要就是因为便利。

因为朋友来往比较方便。虽然我喜欢自然景色，但是如果住在郊区，朋友间往来一次就会很麻烦，费时，很难凭一时兴致约朋友。我做事很即兴，是个性情中人，我喜欢朋友到我这里来。我在书中也曾经提及一次去夏威夷的火山大岛，见到一个老人孤独地生活在连植物都不生长的荒地，我感叹那才是真正意义上的孤独。以前我一直认为自己是会享受孤独的，但是那次旅行之后，我发现自己其实还是凡夫俗子，喜欢在世间生活，只是偶尔会去大自然寻找孤独的味道。

但大自然是我非常喜欢的，所以我会常常旅行，常常到大自然中去。十七年前，我去德国的第一年，第一次接受德国媒体采访时，一个杂志的记者让我随便用中文写三句话作为每小段的小标题印上去，我不假思索地写了三句话，其中一句就是："我爱生活、爱艺术、爱自然"。事实也是如此，生活与我的艺术密不可分。即使在城市生活，我也非常喜欢看到花草植物，最喜欢的是竹和莲。

在艺术中心主持艺术研讨会

于　是：说说上海吧，您在书中说这是您的第二故乡，最近回来得很频繁。

王小慧：回来得频繁是因为工作，我这个人总是跟着我的项目走，所以有人说我与艺术结了婚。我去很多国家都是因为工作，一本书，一个展览，一个邀请，一个活动，很少是纯粹休闲度假去的。

于　是：能告诉我上海有哪些新气象您比较喜欢？

王小慧：我以前在上海待过近十年。我先生的家就在茂名路巨鹿路路口，那是上海最好的地段之一，满街都是茂盛的法国梧桐，步行几步就是淮海中路，有好多电影院、剧院，那是我最喜欢的去处，还有好多小店，包括好吃的“红房子”西餐和“老大昌”蛋糕。那时我还很爱逛华亭路。现在我最喜欢的地方是新天地。因为那是一个太好、太值得推广的模式：既保留了原有的城市建筑风貌，也不失现代感，改建的每一个细节都非常精致，中西合璧。去年我的生日晚会就是在新天地一号会馆举办的。我的许多短期来华的外国朋友都惊叹在中国居然能够举办那么优雅的Party。不是中国的每一个地方都可以做到的，只有在上海。这种Party不比在欧洲的逊色，相反增加了多元文化的韵味，对他们更有吸引力。

于　是：听说你最近还参与一些城市规划的顾问工作？比如以“艺术总监”的身份参与“德国城”——安亭新镇的规划。能谈谈吗？

王小慧：我认为安亭新镇（俗称“德国城”）很不错，这个新兴的城市将是一个沿袭德国传统小镇风格的现代城镇。它的规划重点是：以现代化的最新样式为标准和技术考虑要素；实用性原则及生态考量；富有特色及吸引力。这样的有特色的小城建得多了可以避免“千城一面”的枯燥与单调，这是目前全世界城市建设的通病。德国技术的引进也会为中国建筑业带来新鲜空气。我对安亭新镇的环境艺术规划提了一些基本出发点和设计原则上的建议，如时

代性与独特性，跨文化性，人本主义设计，德国文化的精神气质，具表现主义风格倾向的超现实主义和未来主义，与整体规划构思相协调等等。

于　是：你现在经常来上海，事业重心会有所转移吗？

王小慧：我想我的艺术活动在中国会多一些，但我的艺术市场目前还是在欧洲。因为摄影作品的市场在欧美已经形成，并且走向成熟。一张照片可以卖几千、几万甚至几十万美元。在中国这个市场还没有形成。这是我不得不考虑的问题。我选择了三家德国最好的画廊中的一家作为我的代理，但不是独家代理。当然选择独家代理的话，经济效益也许会更好，但这往往会过分受制于人，不那么自由了。曾经有一位欧美非常著名的艺术理论权威兼经纪人要独家代理我，并保证我的作品走红，不仅在经济上十分有吸引力，而且为我做理论上的建构。他在三十年前写了关于安迪·沃荷（Andy Warhol）的专著（后来又写了另外三部关于他的专著），确立了安迪·沃荷在艺术理论上的地位。他还写过许多当今大牌艺术家的专著，比如说九十多岁的世界级雕塑大师路易斯·波西娃斯（Louise Bourgeois），还有在活着的艺术家中曾创下了拍卖记录的杰夫·孔兹（Jeff Koons）。我和这位大牌艺术理论权威甚至已经签了合约，但我最后还是想办法取消了合约。因为对我来说，艺术的自由是最重要的。我是艺术家，只管艺术，不管销售，那些东西是我的经纪人和画廊老板关心的事情。而我选择的那些画廊老板，平时都是很好的朋友，人品很好，这是关键。如果仅仅是经济上的联系，把你看成是一棵摇钱树，而不是作为朋友的勉励和扶植，那就没意思了。

于　是：听说你在同济大学有一个“工作场”。

王小慧：因为我在德国还有许多事情要做，不能经常回来，所以同济大学原校长、现在的教育部副部长吴启迪和同济大学党委书

上页图注：在巴黎街头

记周家伦，也是过去驻德国大使馆的教育参赞，在聘我担任兼职教授时说："我们对你没有任何要求，你愿意怎么做就怎么做，我们给你创造条件。"吴校长、周书记对我这么信任、诚恳又关心，使我非常感动。我一直在想如何为母校做点实事，于是我想到了用workshop的形式办一个工作室。workshop这种形式在国内还很少见。《我的视觉日记》的书里有一章专门谈到我在国外办workshop的故事。这是一种在导师指导下，师生共同创作的短期教学活动，其实我做过的每一次workshop对我自己都是一次宝贵的经验。同济大学校舍非常紧张，吴校长和周书记亲自过问，拨出五百平米的空间给我做工作场，我还得到各方面的无私支援和帮助，使工作场能在很短的时间内装修得很漂亮，吴启迪部长还专门为"王小慧艺术工作场"题了词。

于　是：你这次就要办workshop么？

王小慧：我这次工作场成立的主要活动就是办一次为期十天的workshop。我请国际著名的摄影教育家托马斯与我共同来主持，主题是"创造性地看"。这次workshop的创作成果以后要办一次展览。另一项主要活动是我邀请十位德国摄影家在上海办展览，题为"Looking and Thinking（看与想）"。这十位德国摄影家是目前在德国很活跃很有影响力的艺术家，他们都是我的朋友，有的还是我的师长。他们的作品非常有代表性，反映了德国摄影艺术的各个侧面，对我们的摄影界会有所启发。这次展览先在上海图书馆徐家汇藏书楼和新天地一号会馆各展出一周，然后在同济大学我的工作场展出两个月。这类活动我将每年举办一到两次。工作场开幕典礼我特别邀请了慕尼黑的市长吾德先生来致辞，他撇开手里的工作，专程为这个开幕式飞到上海，连他自己都感到"有点疯狂"。不过他说过如果一个人一辈子一点"疯狂"的事都不做，那他的这辈子可能就太没意思了。

红旗下的蛋

南　希／王小慧

南希，著名主持人、撰稿人、独立制片人

南　希：王小慧，非常高兴见到你。首先我想恭喜你，你是一名艺术家，并且还是一名可以凭借艺术谋生的艺术家。因为作为母亲，我的一个噩梦就是当孩子，像我的女儿，从大学打来电话并且告诉我："妈妈，我不要主修物理，我想主修艺术"。因为人们普遍认为艺术家就是挨饿的。"挨饿"和"艺术家"这两个词似乎一直被联系在一起。但你却很成功地弥合了艺术与充裕生活之间的距离。你与国际品牌，与政府机关以及各种类型的活动主办方都有合作，你能告诉我你是怎么开始的吗？

王小慧：如果为了挣钱，我不会改变我的职业，我肯定会去做建筑师，因为我在上海和慕尼黑最好的大学里学习了建筑学，我也是有很多机会可以做很好的建筑的。你知道特别是在中国，在上海，这二十年对建筑师来说是一个最好的舞台。我当时决定做艺术，放弃建筑本行，其实是因为我太热爱艺术了。当时我是放弃能够衣食无忧的生活而去做一个今天付得起房租明天可能就付不起房租的职业，也就是当艺术家。我在德国的房东曾经告诉我，他说在我之前住在那里的一位雕塑家去世了，他一直付不起房租所以最后留了很多雕塑给他，然后我就说如果我付不起房租，我就会给你留很多照片。呵呵，所幸的是我全靠自己的努力付给他房租，没有用摄影作品顶替。我觉得我跟很多品牌的合作其实是偶然的，我并没有刻意地去寻找品牌，好多都是偶然碰到的，有很多小故事。通过这些偶然的碰撞，发现合作起来是双赢的，对艺术家是非常好的。因为我们艺术家需要一些赞助，需要一些资金上的支持，而对于品牌来说和一个艺术家合作，它的品牌形象可以提升，比一个简单的广告要好得多。

南　希：当我第一次读你的资料的时候，其中有一个对你的定义吸引了我。这可能不是完全准确的，就是说你是一个女权主义

上页图注：接受南希（Nancy Merrill）访谈

者。你应该也听说过。你觉得你是一个女权主义者吗？对是或不是一名女权主义者，你是如何定义的？

王小慧：其实我这个人是很难定义的。我肯定不是女权主义者，而且我也觉得自己不是一个典型的女性主义艺术家。当然我的作品牵涉了许多女性题材，比如“粉面桃花”、“失落天使”、“女人的上海花园”等等。但如果你真让我定义自己的话，我可能会说我是个跨界艺术家。因为我做建筑，做摄影，拍电影，做影像，做新媒体，做雕塑，我做很多很多东西，都是我感兴趣的东西，所以是跨界的，我很喜欢这种角色。就像有一个德国的评论家说过：“我的胸膛里同时跳动着几个心脏”。就是说我在做这件事情的时候就在想其他的事情。中国有一句俗话叫“吃着碗里的看着锅里的”，你明白我的意思吗？

南　希：我知道。我很喜欢这句话。这是一句很好的俗语。

王小慧：所以我可能是吃着这一碗饭看着十个锅。在吃这碗饭的时候就想着那个锅里这个东西很好，那个锅里那个东西很好，所以就造成了可能吃完这碗饭已经吃饱了，但是同时又想，哎呀，我还有好多锅要吃呢。

南　希：你给我的印象是非常快乐的。如果我要用一个形容词，我会说你是一个非常“快乐”的人。你觉得在你人生中什么事给了你最大的快乐？

王小慧：就是不断地创造新的东西，我觉得我不能重复自己。可能在十年前、二十年前做一件事情很成功了，但我不愿做同样的事情，重复的事情，即使在市场上可能做同样的事情容易取得成功。我常常会放弃那些卖得很好的东西去做那些我自己认为有意思的东西，就像我刚才跟你说最近在拍纳米系列摄影，这个也是没有人做过的。

南　希：你说什么？

王小慧：Nano Photography（纳米摄影）。

南　希： 纳米是很小的，对吗？

王小慧： 比如说你的一根头发，我把你的头发放大到几十万倍、上百万倍，就是一个完全不同的抽象图景。你可把它做成风景画或者中国画那样，或者做成纯粹的抽象画。可以发挥你的想象力。

南　希： 那种想法是怎么来的？你是这么多才多艺，并且你在所有的那些领域中都被非常严格地训练过。你是怎么会突然想到："啊，我想要研究一根头发。我想拍摄这根头发的内部。"你在笑，你为什么笑呢？

王小慧： 我生活中总是有很多偶然的事情，可以说我的生活是由无数的偶然造成的。我办公室的邻居是一个美国教授，很有名的纳米科学家。他拜访我，说他喜欢我的室内设计，他的工作室要向我学习，我们就这样认识了。我到他那儿去做客的时候，他就说你为什么不来拍拍我们的纳米世界呢？他说还没有一个艺术家拍过纳米，只有科学家拍过，但是科学家他们没有那种眼光去看！后来我就跟这些科学家们一起去拍。拍了以后，科学家再看到我的东西说他绝对没拍过这种东西！你明白吗？有人跟我合作，我跟他一起做了一件事情，最后他说他没做过！他不知道是这样的东西！因为我把这些图像变化了，就是用我的想象力重新做过了，色彩也是我后来加上去的。

南　希： 我认为这本书里面有我有生以来见过的最精美的照片。"花之灵·性"，这个让我想起一名很有分量的美国艺术家，她已经去世了，叫乔治亚·奥基夫（Georgia O'Keeffe）。她来自新墨西哥州的圣塔菲（Santa Fe），她是一个画家。她的那些画问世的时候，让世人为之震惊，因为那些画给人的感觉非常非常的色情。当然在那个年代她敢于尝试的勇气还是为人所敬仰的。后来她就在人们的敬爱和爱戴中走了。你觉得她的画对你而言是一种启发吗？你的摄影是那么非凡，它们就像画一样。

王小慧：我是很晚才知道她的。我出版了这本书以后，有朋友跟我说到过她，我才找她的作品来看的，所以我没有受她什么影响。但是后来有评论家把我们两个做了比较，我记得有个评论家说过这样的话，我的花卉作品比她的多了一些生命的厚重。我忘记他的原话了，大意是这样的。实际上我想解释的是，我拍的花并不为了拍它的性感，也不是为了拍它的美，你看我拍花拍含苞待放的、盛开的、衰落的、干枯的，在冰里冰冻的、发霉的、烧焦的、碾碎的、还有腐烂的，各种各样形态的花。实际上我是拍花的整个生命过程，从生到死，包括死而复生的一些东西。因为我生命中有过两次跟死亡特别近距离的接触，所以对我来说花只是一个媒介。因为花太漂亮了，所以我们很惋惜它的衰败。如果只是一根不起眼的小草，路边的小草，它就算干枯了，大家也习以为常，不会感到惋惜。花因为太美丽，我们希望它能绽放得久一点，它的生命太短暂，太容易消逝了。人的生命也一样，我是用花的生命来代表人的生命，然后拍花的各种生命过程，这可能是我和乔治亚·奥基夫不同的地方。

比如我拍“九生”这个作品时，白天和黑夜每隔一个小时都要拍一个小时，半夜我睡觉时也会调好闹钟，每隔一个小时起来拍一张，然后再拍一张，这个影像作品总共拍了十天十夜，拍下了花开和花败的全过程。然后后期合成，做成“九生”这个作品，意喻九生九死。

南　希：在一个工作室里面？你平常都在工作室里完成这些摄影作品的吗？

王小慧：这组作品是在我家里拍的。我家里一半是我的居室，一半是工作室。但更多的作品是在工作室里拍。我的工作室很大，有两千平方米，是个艺术中心。

南　希：你为什么要每个小时起来一次拍照呢？是因为相机能捕捉花朵每个小时的变化而人眼不可以吗？

1976年地震时向妈妈许愿为她造一个家，没想到这个愿望20年后实现了

王小慧：我就是想通过后期制作让人在很短的时间里看花开花落的整个过程。这个影像是八分钟的，你可以看到生和死在你眼前发生，我们中国人叫“生死莫测”，死亡的发生可能是非常快的，所以我们要珍惜生命。

南　希：你是什么时候决定投身于各种各样的艺术形式而不仅仅是做建筑设计的呢？在你的生活当中发生了什么让你改变了你的轨道？

王小慧：其实我从小就喜欢艺术，因为我妈妈是一个音乐家，我爸爸是个工程师，但是他是非常喜欢文学和艺术的。我在三四岁的时候就开始学钢琴，我妈妈本来想培养我当音乐家的，后来各种政治运动，特别是文化大革命，让她觉得做艺术家在中国是没前途的，所以她就一直压制我发挥艺术的天分。我这本新书《花非花》就讲到很多我小时候的故事，因为这位哲学家认为要了解我现在的艺术就一定要了解我的童年。我小的时候是非常非常喜欢艺术的，也很有艺术的天分，但因为历史原因，妈妈就一直不让我学艺术，而让我去学科学，她说你将来要去当农民。因为我们那个时候毕业后要上山下乡，要到农村去。毛泽东让所有的中学生毕业以后到农村，那个时候没有大学。可是我十三岁时爱上了摄影，疯狂地拍照片，那个时候还没有自己的照相机，我就跟我的亲戚借了一个老照相机。

南　希：你只有十三岁。有人给了你一部相机吗？

王小慧：最早是我的姑父借给我一个照相机。他教会我照相，从此我开始喜欢摄影。我爸爸后来买了一个中国生产的海鸥照相机，很简陋的，但是我非常喜欢。我用它拍了很多很多照片。恢复高考时，我就说我一定要去学艺术，可第一年高考没有艺术专业，所以我不得已去学了建筑学，因为我觉得建筑学多少还有一点艺术的成分在里边。

南　希：如果我的观察正确，我认为建筑师不仅仅是工程师，同时也是艺术家。他们是工程师，因为他们让这座城市矗立不倒。当然他们又是艺术家，因为他们也从视觉上赋予了建筑良好的品质。同时我认为当一名建筑师应该是非常痛苦的，因为你无时无刻都处于一场战争中，一边要满足工程师对于建筑的基本要求，另一边心和灵魂都向着视觉上的观赏价值。这就像是油在水中，互不相融。对于你来说也是这样的吗？

王小慧：我觉得做纯粹的艺术家容易一些，没有那么多理性的束缚。不过，目前很多当代艺术家理性的东西太多了，不过这是题外话了。曾经在十年前我非常懊悔，花了十年时间去学建筑学，浪费了我一生中十年宝贵的时间，但是现在反过来看，我所有学的东西，对我还是有帮助的。比如说我学过建筑学，在做装置作品时，我对空间、对光线和灯光的感觉可能和一个画家就不一样。我觉得曾经学过的建筑学的技术对我来说还是有很多帮助的，所以我现在不再懊悔我学过建筑学。我的自传《我的视觉日记》的“序”是德国非常著名的建筑师和评论家贝歇尔教授（Prof. Max Baecher）写的，他曾经写到过这个问题：“谁能料你从一个有才华的建筑师变成一个著名的摄影家？我没有想到，但这根本不是问题，你当然是一个建筑师！几乎没有一个学科能像建筑这样把那么多不同的、看上去毫无关联的东西结合在一起。通过绘画我们学会观察；通过结构工程我们学会支配材料；通过设计我们学会综合和整体化的能力。不过，学业只是学业，并非职业。那你搞摄影、编导、写作、组织展览、到处讲学……这一切也都是在‘建筑’。关键不在于你学了什么，而在于你建立了什么。”非常精辟！

南　希：在人生中你有过什么懊悔吗？很多人认为懊悔是一种人为的情感，而且是对人生没有益处的。

王小慧：我对人生没有抱怨，好多人说我经历过很多不幸，但还是能用微笑来面对人生，可能就是比较少抱怨的结果吧。可能我觉得最大的遗憾是我没有自己的孩子，所以我后来特别喜欢拍摄孩子，所以会有那个很有名的“红孩儿”系列，还有其他跟孩子有关的摄影作品。

南　希：你提到的那个“红孩儿”系列，你是怎么想到要做它的？什么促使了你去做这个系列？

王小慧：我一直很喜欢孩子，我在各种各样的情形下拍过很多孩子，比如到柬埔寨去旅行时等等。中国有个很有名的人叫崔健，一个摇滚巨星。他唱过一首歌，叫“红旗下的蛋”。这个“下”有很多解释，“下蛋”可以是“鸡下蛋”或者说“鸡生蛋”，用“下”这个词，那么在“红旗下”那个“下”是另外一个解释。也许这首歌给了我灵感，我们这些孩子其实都是红旗下的蛋。我把这些小孩子的脸都做成红的，我觉得红孩子很能代表现在中国的孩子形象，是一个很抽象的总结。这些孩子非常可爱，我把他们的眼睛都空出来，脸是红的，眼睛还是黑白的，从那眼睛里能看到非常纯真的东西，我很喜欢这些孩子。

南　希：我在想你已经从事这个行业那么久，为什么在这个系列“我的前世今生”中，模特自始至终都是你自己。就像我刚刚说的，我女儿是个艺术家，而且她和你一样把自己当模特。我问她：“你为什么总是画你自己？你为什么总是拍你自己？你为什么不找个模特呢？”她就说：“妈妈，我比任何一个人都便宜。我不用付我自己钱。”但是很显然这对你而言不是问题。如果你是一个专业模特，你的收费会很高。为什么你要把你自己展现出来，并供人家去评判呢？你在作一个陈述，而每当你要作陈述的时候，就是你将要被人评判的时候。

王小慧：你知道我一直拍自拍像的，我拍了二十多年甚至更长时间的自拍像，自拍就是我的一个习惯，这也是为什么别人说我是中国的弗里达·卡罗的原因，因为我和弗里达·卡罗有好多相似的经历，包括车祸及各种各样别的经历。还有我们创作的方式。她是画自己，画自己的痛苦，自己的情感；我是拍自己，拍自己的痛苦，自己的情感。对“我的前世今生”这个系列作品，评论家说我是“从小我走到大我”，也就是说，虽然还是自拍像，只不过不再是拍自己个人的痛苦了，不是拍我“自己的孩子的梦”啊，不是拍我“洗去血迹”啊，不是拍“孤独”，“绝望”啊，而是去表现一百年以来中国女性的变迁，也就是说我的关注点从个人到社会了。

南　希：你经历了近乎可怕的悲剧。我知道你的丈夫一直都支持你，理解你。你们俩从大学时期就认识，你们还一起去德国留学。但就在1991年，你和你深爱的丈夫遭遇了车祸，一场灾难祸夺走了他的生命。我听说你是大脑受了伤，并且一度处于昏迷状态。而当你醒来的时候，你第一件事就是要相机，然后自拍了一张照片。这让我感到很震惊，我在想，你为什么从这么痛苦的车祸中醒来后第一件是想要给自己拍照？我后来想，这可能这就是命运。如果她没有相机，她可能会就此崩溃，会一直陷于抑郁和悲痛之

中，永远不能重新振作起来享受生活。你觉得这样的描述准确吗？

王小慧：有很多人说照相机是我的第三只眼睛，也就是说我其实是用照相机在观察世界同时也观察我自己。我把我的书叫《我的视觉日记》，这个“视觉日记”实际上就是我用照相机来写日记，这个记录中包括拍自拍像。我曾经说记录我的二十四小时，就是每天周围发生的事情我都要记下来，用照相机记。现在大家都这样记了，现在有傻瓜相机，有手机了，很多年轻人也都在用它书写视觉日记，目前中国还很流行的一件事是发“微博”，其实也是一种视觉日记。那我是最早开始的，我二十多年前就开始了，所以自拍就成为我的一个生活习惯，我的一种本能，就好像我渴了要喝水，饿了要吃饭，困了要睡觉。当出了车祸这么大的一个事以后，我觉得那必须要拍照片，必须要把它记录下来，因为这是我的生活，这是我的日记。

南　希：你的这张照片，你会常常去它看吗？

王小慧：我当时拍了很多，其实是差不多每天都要拍，不光拍我自己，也拍我的医生，拍我的护士，拍我的病友，拍来访的朋友等等，我就是把它作为一个日记来写的。但我现在几乎不再去看这些照片了。

南　希：为什么不呢？

王小慧：因为这都是一些很痛苦的回忆，我觉得为什么我现在能够生活得很好，大概是因为我有一种本能，一种自我保护的本能，就是说我不太喜欢多看过去，我愿意面向未来。

南　希：很好的建议。这是一个很好的建议，不要往后看而努力走向未来。但那对你而言容易吗？

王小慧：我想说其实这个过程非常漫长，而且非常困难。我想加起来恐怕有七八年的时间。那七八年我把自己比喻成一个贝壳。可能有危险的时候它就收拢来了，它收的时候是一瞬间的，特别

上页图注：为美国某杂志拍摄大片

快。可是它再次打开的时候就很慢很慢。我在书里写到过大概有七年的时间朋友请我去吃饭啊，或者去郊游啊，或者参加什么派对啊，我经常都会拒绝。我基本上就把自己锁在家里，然后一个是拍照片，还有就是写日记。其实人生舞台很大，你不能永远沉湎在过去的痛苦里面，所以我从那个时候开始旅行，开始周游世界。我发现这个世界其实很美好，而且我会发现很多新的东西。旅行本身给我带来很多快乐，所以我不用一直在过去的痛苦里面纠结。

南　希：如果你没有和你丈夫拥有过那样伟大的爱，尽管这样你的损失可能会等同，甚至会超过你失去丈夫的悲痛，你觉得你还会和现在一样富有创造力吗？是什么激发了你无止境的创意呢？是来自另外一个人的爱？对于生活的爱，还是别的任何一种爱？爱是你的一个驱动力吗？是什么驱动了你的创造力？

王小慧：如果没有经历过这些人生的痛苦，我的创作一定不会有现在的深度，因为有些东西可能你不会去思考。如果我是一个普通的女人，我做很普通的职业的话，我可能不希望有这些痛苦，但是如果是作为一个艺术家就不同了。我刚才说过，我不抱怨人生。也就是说我虽然失去过很多，但是我也得到了很多。正因为那些痛苦的经历，所以“生、死、爱”这三样东西，一直是我创作的主题。

南　希：你从来没有再婚过，是因为你们之间的爱太纯粹了以至于你不能再接受别人吗？

王小慧：我倒也不是刻意地不去结婚或者再恋爱，只是没有碰到特别合适的人。道家的一种说法就是“随缘”，不用刻意去追求什么，如果他来他自然就会来了，我们中国人爱说爱情是“可遇而不可求”的，你可以碰到他，但是你不要刻意去追求，因为你的追求可能没有任何结果，反而把你的生命浪费了。当然我希望我能碰到真爱。

来自上海的世界公民

安德烈亚斯·本特／王小慧

安德烈亚斯·本特（Andreas Boente），德国拜仁广播电台电影编导、主持人

本　特：你在书里写道“欧洲对你来说就像一个梦”。你在孩提时代对欧洲有着怎样的想象？欧洲对你来说是一个什么样的梦？

王小慧：我小时候在母亲的影响下，听了许多古典音乐，也学过钢琴和手风琴，我们会一起弹巴赫、莫扎特等音乐家的作品，还读了许多关于欧洲的童话故事。“文革”时期，所有外来文化一律被禁止，我们完全不知道欧洲发生了些什么。后来在“文革”之后，中国恢复了高考制度，我学习了建筑学，这才通过对建筑历史的学习又一次和欧洲产生了联系。当然“改革开放”以后，慢慢地，我们也可以通过其他不同的途径越来越多的了解到西方的文化，先是通过书，后是通过报纸、电视等等。但是真正对欧洲文化的认识，还是亲自到了这个地方以后才开始的，其他与之相比都是皮毛。

本　特：你从古典音乐和童话故事开始认识德国，现实生活中的德国是不是带给你不一样的感觉？你来到德国以后，在这里学习生活，对德国的第一印象是什么？

王小慧：20 年前我第一次来到德国，对德国的第一印象真的不是三言两语能够说清楚的。

本　特：那你也许可以用一张照片来表达？

王小慧：如果你这样问，那么现在在我眼前呈现出这样一幅图景：秋日的慕尼黑，在“英国公园”里遍地铺满金黄色落叶的画面。1986 年 11 月，到德国的第一个星期，我花了三天时间去“英国公园”，当时我完全不能相信我已经人在欧洲这个事实。甚至几个月后在意大利圣马可广场，看到曾经建筑史教科书里熟悉的建筑赫然屹立在自己的眼前，顿时觉得很不真实。我拍了许多照片，当时的我完全被这样的景色迷住了。我所看到的场景是陌生的，但是给我的感觉却很温暖。我被深深地震撼了，因为跟我想象中的大城市不同，这里怎么会有那么多自然景色，而且那么美！

上页图注：在瑞士圣·莫瑞兹大师艺术节“红孩儿”装置前

本　特：你常常在不同的大学里发表演讲，而且很受青年人欢迎，你自认为你能对德国年轻人能够带来怎样的影响？

王小慧：我喜欢与年轻人在一起，喜欢与年轻人在讲座上有交流和互动。前两天我还在斯图加特大学和柏林的歌德学院做过演讲，这里的年轻人特别勇于提问，这样很好。许多年轻人可以由此了解我的人生经历，了解我的艺术创作方法，并从中学到东西。尤其是他们在人生十字路口迷茫徘徊的时候，还有许多处在人生低谷的人们借此重新找到了生活的勇气。

本　特：你过几天就回中国去了，你会想念德国的什么呢？

王小慧：我会想念许多东西。我虽然工作繁忙，没有闲暇的时间，但在慕尼黑，每天晚上我几乎都会接到两、三个文化活动的邀请，包括美轮美奂的展览，歌剧和话剧等等。还有许多很好的朋友。这些都会让我非常想念。但可惜的是，我总是没有许多时间和朋友在一起。我在德国生活的感觉和在上海的相比是完全不同的，上海虽然也是一座特别美丽的城市，但节奏实在太快了。

本　特：你经常在中德两国之间飞来飞去，这是一种什么样的生活？带给你了什么样的感觉？

王小慧：我一直在路上，如同某首歌的名字一样。以前我也有过困惑，我的归属地到底在哪里？但是现在我很享受这样的生活方式。我父亲曾开玩笑说“我只需要一个照相机和一个箱子就能走遍天下。”而我则自我安慰说“我是一个四海为家的人。”这样的状态确实需要一个适应过程，但我想我已经适应了。

本　特：曾经有人把你称为“来自上海的世界公民”，你自己也是这么认为的吗？

王小慧：我更爱说自己是“国际自由人”。

本　特：你的书《我的视觉日记》里有一句话：家对你的意义是，亲人、朋友与熟悉的景物。哪个地方更给你家的感觉？

王小慧：我觉得哪里都会有一点家的感觉，哪里又都不像真正

慕尼黑的家离英国公园的入口只有100米，但现在没时间去散步了

的家。但其实我并没有真正意义上属于自己的家。不过，现在如果一定要说的话，我在上海更有家的感觉，虽然我很喜欢住在德国。当我生活在上海的时候，我又会特别想念在德国的一切。

本　特：你想念德国的什么呢？

王小慧：这只是一种感觉。虽然每一天都排得很满，但是总体上带给我的感觉很舒服，人很放松，随性。我在这里有很多真正的朋友，我们之间的友谊是很纯洁的，不带任何目的性和功利性，很纯粹、自由和真诚。我不喜欢朋友的友谊成为负担。

本　特：你在穿衣方面或自己家里的室内设计风格是不是都很西化？

王小慧：当然，我的家居风格是很简洁的包豪斯（Bauhaus）风格。不要太传统，也不要太大众化，与众不同的风格才为我所喜爱。穿衣服嘛，我最喜欢三宅一生（Issey Miyake）褶皱的衣服，不用折叠熨烫，便于搭配。

本　特：衣服的剪裁也是西式的吗？

王小慧：大都是西式的，但也有中式的或中西结合的。我自己也设计过很多衣服，身边有一个很好的裁缝。我最新的作品“女人的前世今生”里面很多服装都是我自己设计的。我的裁缝根据我的设计草稿剪裁出那些服装。

本　特：两国文化之间的差异你是怎么克服的？

王小慧：我觉得中国和德国两个国家的文化就像两座大山，我开玩笑说为了不掉落在两山之间的沟堑里，我唯一能做的就是在这之间搭一座桥。于是，许多人说我就是中德之间的桥梁。德国驻北京大使馆薄德磊（Joachim Broudre－Groeger）大使曾经说过：“你们都说王小慧不做建筑师了，但在我眼中她一直是位建筑师，她在建造中国和德国两国之间的文化桥梁。”

本　特：听说有一次您被邀请去慕尼黑的狂欢节，您问晚会主人自己应该用什么装扮去参加私人化妆舞会，主人说，你不用任何乔装打扮，你是一个中国人，这就是你的身份。

王小慧：任何东西都改变不了我是个中国人的事实，我也很骄傲。我自己曾说过：我身体里流淌的是中国人的血，吸收的是西方的养分。也就是说：我的艺术根基在中国，而我在德国所学到的，所经历的都是我成长进步所需要的营养，这些并不是我血液里原来的东西。但是我深深地觉得自己的思维方式以及为人处事还是很中国的。从小事中也可以窥见一二，比如我很喜欢给朋友们带小礼物。在过去的一、二十年里，我总是给德国朋友带很多茶叶，所有和我关系特别好的朋友只喝我带给他们的茶，这种对待朋友的方式是很中国化的。又比如我作品的主题像“阴与阳”、“我的前世今生”都体现了我骨子里中国人的精神，虽然我的作品也许第一眼看不出是出自中国艺术家的手笔。

本　特：也就是说内心是中国的，外在给人感觉是西化的。

王小慧：我对自己是一个中国人感触更深，心里很清楚自己的根在哪里。我小时候对中国文化不是很喜欢，因为西方文化把我迷住了，比如西洋音乐，古典音乐，歌剧等等。因为妈妈是作曲家，我幼时听了许多西方古典音乐，而京剧对我来说完全没有吸引力。小时候我学过国画，但我其实对此不感兴趣。只有老师表扬我的时候，我才会起劲地去画一画。直到我在德国生活了一段时间以后，我才渐渐领悟到国画的美。也就是说，当我远离中国文化的时候，我才真正看到了它的美，开始懂得欣赏。中国谚语说“不识庐山真面目，只缘身在此山中。”在西方待得越久，我就越觉得自己对中国文化了解太少，在自己的艺术创作中运用的也尚浅，所以常常在作品中更多地借鉴中国文化。

本　特：你来到德国是为了成为建筑师吗？

王小慧：不，完全不是，我只是为了能走出国门看看世界。我觉得这是一个很好的认识世界、感知世界的机会，我想去了解中国以外的国家。其实在很早的时候我就特别想成为一个电影导演，学习建筑学实是无奈之举。因为先前提到过，在“文化大革命”之前都是没有高考的，所以很多年轻人都没有读大学的机会，而我在1977年参加第一次高考的时候，还没有我想读的专业，我想读艺术，特别是电影专业。所以我一直都想改行，而在当时的中国，想改行不是件容易的事情。在我大学毕业之际，面临着工作或考研究生的机会，我就尝试着去中央美院考研究生，希望能够借机学习艺术。

在出国之前我也有个机会参加业余电视主持人比赛，我进入了前十五名，当时我也是很想借此机会走到电影或者电视这个行当里来的。但在此之后，我拿到了德国的奖学金，可是我自己心里清楚，我去德国并不是为了学习建筑学。因为那个时候出国的机会非常非常少，没有旅游这个说法，要出国，除非你能拿到奖学金，或者在国外你有亲戚可以资助你去读书。而我觉得自己不能生活在一成不变的世界里，如果连国门都没出过，就无法了解整个世界，这

对我是件很遗憾的事情，所以对我来说，首先是要做的就是去认识世界、感知世界。

本　特：你涉及的领域非常广泛，你的天赋从何而来？是否从小就受到文化的熏陶？

王小慧：当然是因为家庭环境，特别是母亲，她对我的影响非常大。我从小学习弹钢琴和拉手风琴，父亲和母亲也一直是喜欢阅读的，所以我的家庭一直有一个良好的文化氛围。我父亲是工程师，所以我身上不但有很感性的一面，也继承了他很严谨理性的一面。如果你认为我涉及的领域很广泛，其实我后来做的事情更多，比如说做雕塑、做装置、做新媒体艺术等等。我觉得我现在的成就跟小时候的家庭环境有关，但更重要的是源于后来的发展。最主要是我兴趣实在太广了，我觉得仅仅摄影满足不了我的创作欲望，摄影的局限性比较大，它不能充分的表达出我想表达的东西。所以，我更愿意选择一些媒介，选择那些刚好适合表达某种我希望的东西的媒介，选择定了，然后才开始创作。

本　特：但是你最有名的还是作为摄影艺术家。我好奇的是你是怎么确定你摄影的主题的？是有意识地去寻找，还是等待灵感降临？

王小慧：两者皆有之。我的作品里有纪实摄影，也有艺术摄影。摄影作为艺术有点像拍摄故事片，必须之前把所有的准备工作做好，一丝不苟，从大方向到小细节都必须一一确定。但纪实摄影常会碰到很多偶然的情况，就像我拍泰国的那些妓女，是没有办法事先准备的。但是我认为，纪实摄影也是需要主题的，需要做案头工作。

本　特：你活跃在那么多领域而且成绩斐然，上帝给我们每人都是一天二十四个小时，你怎么能用这些时间做了那么多那么多的事情。你是怎么做到的？

上页图注：瑞士杂志拍摄的照片

王小慧：我也一直问自己这个问题。我没有什么业余时间，业余爱好对我而言简直就是奢侈。我有几年没有下厨房了，尽管我很爱做菜，也很爱美食。我在过去的五个星期里去了五个国家，我的生活就是这样忙碌，我的时间就是这么紧凑。

本　特：你怎么定义你个人与中国的关系？小时候被划为“黑五类”的孩子，现在一切都恢复平静了吗？

王小慧：我很爱中国。你说的那些都是陈年旧事了，是被我们称为“文革往事”的回忆中的事了。我每一次到上海，感觉都很好。因为那里的人非常喜欢我，喜欢我的书，《我的视觉日记》也畅销了很久，连续十年不断再版。经常有陌生的人和我说话，告诉我他们多么喜欢我，或者我的书对他们产生了多重要的影响等等。这是一种特别好的感觉。

本　特：你觉得这本书成功在什么地方？在中国那么多人喜欢这本书，是因为书中你描绘了一种外国的，不同于中国的生活？还是因为书中你毫无保留地通过文字和照片把自己一路走来的经历、感情、苦难、挣扎等等铺陈在大家面前？

王小慧：人们喜欢这本书是有很多原因的。但绝对不是因为我书里写了德国，或是西方的生活，因为这样的文学作品已经太多太多了。喜欢我书的朋友，他们应该从中读到了我的内心世界，读到我在经历了生命的打击以后怎样重新找到自己的方向，坚定地走我自己选择的道路等等。书里有很多我自己领悟到的生活哲学，别人有可能也可以从中借鉴一二，这样的话，也算是帮助了他们。

本　特：在中国，人们可以很开诚布公地打开心扉，谈论自己的感觉和体会，在德国则不太寻常，因为德国是很内敛的民族。

王小慧：对的，德国人们不太谈论自己的感觉，这也是德国人的一种习惯和思维模式，即我们说的民族性吧。德国人其实是有各种各样表达感情的方式，我出版过一本书《七位中国女性》，里面记录了我母亲如何坚强地面对她不幸遭遇的故事。在举办朗诵会时，总是座无虚席，甚至人满为患。朗诵会结束之后，他们来到我身边，告诉我他们被这本书深深的打动了，甚至有的德国男人还哭了。我也感到很欣慰。有一次一位曾经采访过我的德国电视主持人告诉我，在节目录制前，他一口气读完了《我的视觉日记》，心里非常感动，一下子回不过神来，以至于忘记了自己要采访我的问题。中国经常有人说德国人是非常冷漠的，而我们看的许多有关德国电影里的人物也给了人这种印象。

本　特：德国人的感情是深藏不露的。

王小慧：不过等你了解了他们以后，你就能明白，其实德国人，包括德国男人的感情世界是很丰富的，只不过不轻易表达外露。

本　特：说了德国男人，你怎么看待女人？给我们讲一下你那本书《七位中国女性》。

王小慧：这本书我大概是九十年代初写的，我记得好像是92年“世界妇女大会”在北京举办，我得到了一个稿约，让我采访中国女性，从那个时候起，通过采访，我就开始对某些人比较关注。这本书讲了七位不同的中国女性，从只有十几岁的农民的女儿到官员、商人，到像我母亲这样年纪比较大的知识分子。这本书在德国也很受欢迎，它是在著名的费什尔出版社出版的，至今也再版多次，经久不衰。有朋友开玩笑说甚至飞中国的德国汉莎航空公司的头等舱、公务舱都应该放这样一本书作为文化读物，因为他们需要通过文学的方式了解中国。或者是从了解女性开始了解中国，因为这比那种枯燥地讲中国政治、经济或者是讲礼仪的这些书来亲切得多，也感性得多，而且能够深入人心。

本　特：中国女性和德国的比起来有什么区别呢？

王小慧：我觉得中国女性比起德国女性自我解放意识更强。

本　特：具体表现在哪里？

王小慧：可以看到，在大城市里，中国的女性比较自主，也比较自由，她们所从事的职业多种多样，领导层也有很多是女性。德国的女性朋友告诉我，在德国许多大企业，女人做到一定的职位就无法再上升了，好像有一个“玻璃天花板”，也就是说，虽然是透明的，但它阻止了你继续发展。但是在中国，情况不太一样。在中国有许多女性“领导人”，比如说女部长、女美术馆馆长、女大学校长等等。

本　特：当年的“文化大革命”是否带出了“男女平等”的观念？

王小慧：1949年新中国成立以后就提倡“男女平等”了，更早是“五四运动”，那是1919年的事情了。我觉得“男女平等”的提出，有它的积极意义，但是它更强调的是解放女人的生产力，却抹杀了男女的性别差异。我不认为那就代表了真正的女性社会地位的提高，能真正把女性的优势表现出来。不过这是另外一件事情，比较复杂，不是我们今天电视访谈里需要讨论的事情。

本　特：那我们来聊聊您的“电影生涯”吧。

王小慧：拍电影一直是我的一个梦想，能够拍一部我自己的电影是最理想的。刚才提到过，我当时在中国没有机会上电影学院，因为“文革”以后，所有的艺术院校全部被关闭了。所以当时在报考大学的时候，我选择了和艺术沾了一点边的建筑学专业。别的都是理工科专业。最初我就是想拍一部艺术电影，而不是什么普通故事片。这样的一部电影带给我的满足感是难以言表的，因为它包含了太多的元素：剧本、表演、灯光、音乐、布景等等等等，是一个完整的综合性艺术作品。所有这些我热爱的不同艺术元素的集合，对我来说是非常有吸引力的。

本　特：和你合作过的电影学校的学生说您工作起来井井有条，现场的一切都必须尽在掌握之中。听说你还很严格，对大家最高的褒奖是“还不错”。

王小慧：对的，不严格不行啊，我们不可以犯错误，只能成功不能失败。我觉得我的工作是比较有条理的，因为我事先做了大量的准备工作。虽然时间很紧张，我们当时拍摄只有一个月的时间，加上准备也最多两个月的时间吧。因为当时是很意外地得知我的电影剧本得了“剧本奖”，所以就有了基本的经费，虽然那个经费还远远不够我期望中拍摄复杂片子的要求，但是，有了这个基础，我们就可以开始工作了。这个工作包括首先要组织一个班子，这么短的时间内组织到一个班子并不容易，而这个班子里的人都要答应我他们愿意义务劳动，因为我们的经费是绝对不够来付给每个人工资的。而且，我们同时要找演员、选场地、做服装，并继续找赞助。我们只有几个核心的人，大家都是热爱电影的年轻人，所以居然就在这么短的时间里把那个叫《破碎的月亮》的电影拍出来了。这个电影后来还得了一些国际奖项。有件事对我印象蛮深的，就是有次在电影节上，我碰到了当时的电影节主席施密特（Heiner Schmidt）先生，他特地过来跟我说了一句话，他说你的电影在评奖时我是唯一一个投反对票的人，但是现在我后悔了，因为今天又看了一遍你的电影，觉得它真的是一部好电影。

本　特：你来德国其实是学习建筑学的，你当时会想到你后来能拍电影而且还会得奖吗？

王小慧：拍电影在当年是我的梦想。同时我人生的信条是：“车到山前必有路”。这是一句中国俗话，也是我的人生哲学。我一直说我一定要拍一部电影，但是我其实也不知道要怎样才能完成这个梦想。但是我一直都在朝着这个目标走，这个目标就像远远的一座山，虽然你远远地看不到路在哪里，而且也不确定最后能不能找到那条路。但你得相信，只要一直坚定地走下去，总会找到一条路的。这句话后来我在书里用更加诗意的一句话表述，那句话很多年轻的女孩子在我签名售书的时候会特别要求我写，因为她们都喜欢那句话，就是：“遥遥远远的梦，走近它，别放弃，就会成真。”我在世界上游历多年，在德国生活了二十三年，认识了无数有意思的人物，他们当中还有许多特别的、传奇性的人物。

中国情结

吾德、爱迪特 / 王小慧

我在世界上游历多年，在德国生活了23年，认识了无数有意思的人物，他们当中又有许多特别的、传奇性的人物成了我的朋友。

比如被称为世界两大女高音歌唱家之一的丽莎（Lisa Dela Cala)，她在事业最高峰时为了残疾的女儿毅然告别了舞台。现在她与丈夫陪伴女儿住在与世隔绝的古堡里，只是偶尔在阳台上向慕名而来的各国游客粉丝招手示意。没有一个陌生人可以进入她的古堡，更不允许媒体采访拍摄，但是她却破例地给我讲她的人生故事，甚至几十年来更加破例地让我拍照和录像，成为了非常珍贵的历史资料。

还有大艺术家汉斯（Hans Joerg Voth)，他大部分时间孤独一人生活在南非的沙漠中，他甚至不用发电机，宁愿用汽灯、蜡烛。因为发电机的声音会破坏他所寻求的绝对寂静，会影响他的思维。他早已功成名就，随便画一张草图都可以在艺术市场上卖很多钱。他可以在大城市里居住，拥有很多助手，但他宁愿一个人生活，甚至不需要太太的陪伴。在那里，他一切都是自给自足，过着几个世纪以前的“简单生活”，远离尘世的一切浮华与喧闹，为他的精神世界辟出最大的空间。

还有著名女作家、女权主义者安娜（Anne Rose Katz)，她六十岁时，比她更著名的演员丈夫去世，她不顾全社会的一片哗然，与一个小她一半年龄的青年电影导演热恋后结婚，写下了获得德国当年文学奖的爱情诗集。她在发表获奖感言时讲的话我至今还记忆犹新，她说：她一辈子没写过诗，更不要说是爱情诗了，但爱情使她获得新生。她不需要钱，所以把奖金捐给社会，但她需要社会认可她的爱情。在无数电视访谈节目中，她勇敢地向保守的德国社会宣称，为什么社会认可老男人娶年轻女子，而反过来却不行？为什

上页图注：相亲相爱的吾德夫妇

么爱情一定要建立在肉体而不在精神基础之上？她为女人争取同等权利而身体力行，也正是她把我介绍给了吾德夫妇。

曾经有出版家朋友建议我把我这些朋友的故事写成一本书，那会很有意思。

在所有这些朋友中，我最想写的、有最多故事可写的、最不同寻常的一对夫妇就是本书的男女主人公克里斯蒂安·吾德(Christian Ude)和爱迪特·冯·威尔瑟·吾德(Edith von Welser—Ude)，他们的故事怎么看都更像传奇，可以写成小说，拍成电影，但虚构小说和电影中许多细节恐怕不及真实的故事那么精彩，这就是生活，他们的生活。

在本书的男女主人公相遇之前，他们生活经历迥然不同。

她是海军军官的女儿，总是居无定所，四处漂泊。她幼时经历过战争的纷乱，也尝过偏远地区的闭塞之苦，她在严厉粗暴、毫无温暖亲情的家庭里长大。而他出生时战争已经结束，他的父母是编辑和翻译家，住在慕尼黑市中心艺术家聚集的施瓦宾区，父亲为迎接他的出生写了首热情洋溢的诗，他在充满艺术与自由宽松的环境里展开了梦想的翅膀。

她作为女儿，在半个世纪以前，勇敢地怂恿母亲离开父亲，后来终于与母亲离开了那个专制的冷冰冰的家。而他深受父亲的影响，九岁时就编辑出版了他一生中的“第一份报纸”，他认为他编报纸就像农民的孩子种庄稼那样自然而然。

她还在中学时就怀孕了。那时的她不得不把自己的双胞胎孩子藏起来并躲到乡间去，否则孩子的父亲将被禁止参加高考。而他九岁时就立志当市长，在学生时代就成为活跃的青年政治活动家。

他们初次相遇在1968年，见面的地方很特别：慕尼黑市政府的大会议厅，他作为记者要采访那个著名的女议员，而她当时根本没把这个毛头小伙看在眼里。他俩压根没想到，这个会议厅将成为他们以后几十年里政治活动的一个主要场所。五年后，在施瓦宾区

在市长夫人主持的电视烹调节目上做嘉宾烧中国菜

狂欢节的夜晚，他们再次相遇。这一次，爱情迸发了火花。他坚信，他爱上了她，这是他命中注定的女人。而她也在稍稍踟蹰之后爱上了他。

但是，那时的她已经结过两次婚，有了六个孩子（其中有两对双胞胎），比他大整整八岁。而他只是个二十五岁的法学系学生，和同学住在集体宿舍里。

他们的决定是极富戏剧性的：在共度了一段美好的法国旅行后，两人在分别时抱头大哭，因为他们不知如何面对她第二任丈夫，他是个好人。

当他鼓足勇气与她丈夫谈话时，没想到迎来的不是“决斗”，而是徐志摩式的奇迹，她的丈夫成全了他俩的爱情，只是希望她继续照顾孩子。

因此，近十年里她都过着一种双重生活，白天操持家务，照顾孩子，晚上到男友那里去。一早她又要赶回家为孩子穿衣洗漱做早饭送他们上学。

所幸的是，她受到了媒体的“保护”。虽然在当时，作为有夫之妇与一个小她八岁的男人有“婚外情”，照理是为社会尤其是以保守著称的巴伐利亚州所不容的，更不要说是一个议员了，甚至还是一个女性。但民众爱戴他们也接受他们的爱情，因为他们十几年来一直积极地为社会、为民众服务。

经过了十年的“地下恋情”，他们终于结婚，组成了一个十几个人的“大家庭”。虽然很多人不能理解他的婚姻，但他的父母理解他。当时让他唯一感到遗憾的是他没有自己的亲生孩子，但多年之后他把这些孩子看成“上帝给他的礼物”。他坚信，只要你给他们爱，他们就回报以爱。他成为了这些孩子们的“爸爸兼朋友”。

1990 年他当选为慕尼黑常务副市长，1993 年接任市长，以后连任四届，成为德国政坛上连任时间最长的市长。在以保守著称的巴伐利亚州的首府慕尼黑能成就他那样的事业，在很多人眼里几乎是不可能的，可以说他是个“反潮流英雄”：

在全德国最守旧的巴伐利亚州，他是一名激进的民主人士；

在全州基督教民主联盟党执政的一统天下里，他作为社民党领袖被选为首府慕尼黑市长，包括反对党人也投他的票；

在天主教城市，他是一名新教教徒；在著名的“单身汉大都市”，他却与十五个家庭成员住在同一屋檐下；

在热衷于啤酒和足球的全城，他宣称更爱喝的是红葡萄酒，人生中最不能放弃的是“文学和猫”；

当所有人都在追捧实力更强、战绩更佳的拜仁慕尼黑足球队时，他却不畏指责，坦言自己是实力弱、战绩略逊一筹的“慕尼黑 1860”的支持者；

作为宝马总部所在城市的市长，他却公开说自己是自行车爱好者，每年夏天带领普通市民骑车观赏城中的名胜古迹，当义务讲解员；

他支持几年前仍被保守派猛烈抨击的同性恋现象……

尽管他如此与当地社会潮流格格不入，但他创造了德国政坛的历史纪录，每次选举的票数屡创新高，甚至赢得超过三分之二的选票。

而她不把自己局限在“第一夫人”这个位子上。在吾德当选市长后，爱迪特主动退出政坛，做她喜欢的摄影师职业。她出版了许多画册，在世界各地举办展览，从事各种慈善活动，同时，她以她积累的丰富的政治经验，成为他最重要也是最亲密的顾问。

2005 年，他被选为超过五千座城市、五千万居民的德国城市协会的主席。而她自 2007 年起，开始主持一档电视烹饪节目，并在节目中介绍由她邀请的有趣的名人嘉宾。我有幸成为这个节目第一期首播的嘉宾，没想到这节目后来大受欢迎，不断重播，甚至一天重播两次。

2009 年，她庆祝自己七十大寿时，巴伐利亚州媒体写道：吾德家热闹得“像个王宫”，可见他们夫妇在慕尼黑受到怎样的尊敬和欢迎。

我与他们夫妇认识屈指算来已经二十年了，那年我刚刚出版了一本关于慕尼黑的摄影集《观察与体验》，市长主持的文化论坛邀我做嘉宾，他向所有论坛的参加者介绍我和我拍的那些照片，这对那时的我是极大的荣誉。是他把我这样一个外国留学生正式介绍到德国公众面前，介绍到德国主流社会和媒体面前。那件事是安娜促成的，因为她特别喜欢我的摄影，还请我为她那本爱情诗集拍摄封面作品，她后来选中的是我拍的抽象人体。

从此之后，我与吾德夫妇成为好友。当时，作为摄影家的爱迪特说特别喜欢我的一张照片时，我还有点受宠若惊。没想到若干年后她甚至对别人说她是我摄影作品的粉丝，这更让我感到担当不起。

后来，我成为爱迪特在家中办的“女人沙龙”的成员，那是定期在她家的周末自助早餐会。虽然我没有很多时间每次到场，但每去一次都会感到很开心，而且也会有些意想不到的收获。她的那些女客人不像中国人想象中的“名媛”，而是有创意、有个性、有意思的一群名女人，其中不乏演员、作家、艺术家、学者，兴到浓处那些歌唱家或者喜剧演员甚至会即兴表演一段。

市长是这个沙龙唯一的男宾，虽然他很少有时间在家。我们的早餐常常吃到晚间甚至深夜，它比我在中国参加的很多表面奢华但浮光掠影的社交活动都来得有意思。

有一年我应杭州政府之邀，举办了“德国摄影家看杭州”活动，请了十位著名的德国摄影家包括爱迪特来拍摄杭州。起初大家对这位“第一夫人”有些距离感，但一件意外事故改变了大家对她的态度。那是临走前几天在上海，我们到我的朋友戴志康先生的“九间堂”共进晚餐。他在客厅里摆满了蜡烛，灯光幽暗、富有情调，爱迪特不小心一脚踏空，踩到看上去与黑大理石地面几乎一样的水池里，脚腕立刻肿得像个大馒头。（后来戴先生还特地把那片室内水池铺平了，为避免类似的事情再发生。）此后几天，她除了

为庆祝市长夫妇金婚记念日烧了一桌中国菜

看病，只能躺在酒店里，同行的摄影师们每晚会带酒和小吃到她的房间去“陪她”，结果大家发现她一点架子也没有，后来都与她成为好友。发生这样的意外，她没有任何抱怨，虽然此后她动过两次腿的手术，至今腿脚都不是十分灵便。为此我很自责，但她却一再说她很喜欢这次活动，很喜欢这帮朋友。有次我回慕尼黑，她还特地把这些朋友从各地邀来一起聚餐，欢迎我回来。

我特别感动的是吾德夫妇曾经两次专程飞到中国，参加我的活动开幕式。一次是我在同济大学的工作室成立仪式，一次是天津市政府为我主办的大型回顾展。这两次活动都是他们利用一年中仅有的几天假期自费来中国。特别是我的工作室成立是个小小的活动，我给他们写邀请信时原想他们不会有空来出席，没想到他们竟一口答应了。许多人很奇怪，慕尼黑市长这样重要的人物，怎么会专程来上海参加一个小小的工作室的成立晚会。其实，我了解他们，他们从来不看重什么规格和名分之类的东西，他们看重友情而且率性。他们来中国总是把公务活动之外的时间交给我安排。这样常常会惹得有关部门不高兴，甚至责问我市长这么重要的人物在华行程与活动为什么要由你个人来安排？其实他们实在不了解市长夫妇。他们就喜欢中国，喜欢上海，喜欢无拘无束地在上海大街小巷闲逛，在小馆子里吃上海小吃，并不喜欢总是公务会见，前呼后拥。

那一年，我刚在上海成立工作室，是我在国内的第一个落脚点。吾德市长和同济大学周家伦书记为我剪彩，吴启迪校长为我题词。我记得吾德在会上说，王小慧是慕尼黑的骄傲，现在虽然我有更多的时间回到中国上海，但他相信我仍然会把慕尼黑当成自己的家。他们也会永远把我看成慕尼黑施瓦宾人。他那次说得很动情，我至今都记忆犹新。

吾德另一次为我的展览开幕讲话是在慕尼黑宝马展厅，他说他不是为宝马公司，而是为一位艺术家来的。那天慕尼黑电视台来录像，原来说好他只讲五分钟，也播五分钟，但他一口气讲了二十九分钟，他说要介绍六个不同的有意思的人物，分别是建筑师、作家、典型的知识分子、文化交流大使，当然更是一位艺术家，这六个人其实就是王小慧。因为他讲得太精彩，电视台无法剪辑，结果破例播了二十九分钟。后来我把这篇开幕词作为了我的访谈录《双子座》的序言。

市长的讲演口才是全德国出名的，他的演讲甚至录制成光盘在书店里销售。他的一个业余爱好是热衷于类似周立波"海派清口"那样的卡巴莱小品，以他的幽默和口才，一个人常常可以撑起一个半小时的演出。

记得大约五六年前，我陪吾德夫妇去杭州，某次途中汽车上的情景令我十分动容：他俩手拉着手，她的头靠在他的肩膀上，就这样好久一动不动。很少见到在一起生活这么久的夫妇还能这样亲密无间，于是我悄悄按下了快门。

我们在回来的路上，谈起他们夫妇的爱情故事，我第一次听他这么详细地叙述，包括许多感人细节，我被深深打动了。她看来心动了。但他说，等我这届市长卸任。但是，他任期快到的时候，他的党团和选民一定要他再连任，虽然他已经连任了三届，而慕尼黑没有比他更合适更有威望的候选人了。果然，他这次竞选的得票之高是创纪录的。

王小慧：我知道你们喜欢中国，喜欢上海，有一点很说明问题，就是你们会把一年中仅有的休假时间都安排来中国，来上海旅行。虽然几乎每一次的私人旅行最终都变成了工作访问，但你们还是一次次兴致勃勃地来。你们最早一次是什么时候来中国的？

爱迪特：对中国的兴趣和关注已经很久很久了。70年代的时候，那时吾德还是一名大学生，我们就读了很多有关中国的书，涉及历史、建筑、文化和中国近期的发展。中国在我们看来非常神秘，因为长期以来它在西方人面前完全把自己遮蔽起来。巴伐利亚最保守的政治家弗兰茨·约瑟夫·施特劳斯（Franz Josef Strau）受到过毛泽东的接见，这在当时是一件令人吃惊和轰动的事情。

我们非常想了解这个遥远、辽阔、神秘的国家，于是便开始为这次旅行存钱。1987 年我作为市议员去了我们与日本的友好城市札幌，克里斯蒂安则自费一起去。回国的路上，我们在香港稍作停留。在这个巨大、充满活力的城市，它的摩天大楼、各式各样喧闹的街头生活和活跃的港口都令我们着迷，还有形象的图形和美妙的艺术文字，虽然这些对我们来说就像本天书。我们当然知道，香港只是中国的一个行政区域，还不是整个中国，所以我们更想看看，更想了解这古老神秘的国度。

吾　德：1999 年我作为慕尼黑博览会监事会主席受邀去了香港，在新落成的国际会展中心宣布“国际电子零件及生产技术展”的开幕，这是在慕尼黑发展起来的，从一定程度上是“出口”到亚洲的一个展会。这一次爱迪特作为随行人员也在那里。借这次机

“王小慧艺术工作场”成立时市长夫妇专程从德国前来为开幕式剪彩

会，我们第一次去了上海，这座美丽的城市。

王小慧：慕尼黑的展览业是慕尼黑的一个重要产业，也是世界顶级和闻名的。中国人一般只知道慕尼黑的宝马、西门子，我也是通过你才知道会展业的重要性。你第一次上海之行是不是为了“上海新国际博览中心”的项目？

吾　德：是的，我专程为了促成此事而去上海。慕尼黑、杜塞尔多夫和汉诺威要与上海共同建立一个新的博览会：上海新国际博览中心（SNIEC）。这是一个非常重要的合资项目，对上海对慕尼黑都很重要。“上海新国际博览中心”至今仍然是上海最大最重要的展览中心。由于这个原因，在接下去的几年中我们就常常会去上海。

我们看到，上海博览会办得非常出色。展厅不断在增加，目前一个大型停车库正在建设中，一家酒店也在规划中。“上海新国际博览中心”已成为世界上最能发挥作用的展览中心之一，我们为这里每年举办许多重要展览的成就感到非常骄傲。

王小慧：上海的展览业是近十年才发展起来的，你们这个合资项目也起了很大推动作用。据我所知，上海会展业已经成为上海发展最快的文化产业之一，上海也把它作为建成国际大都市的标志之一。在会展业中，你是否也非常重视文化交流？

吾　德：这当然。那时还有一个非常吸引我的计划：在慕尼黑举办一个主题为“现代上海”的展览。这个展览主要会关注上世纪三十年代中国艺术家是如何着手研究来自西方的一些艺术，而上海是东西方文化艺术交汇的最有代表性的城市，这项计划是由我们的斯托克别墅博物馆组织举办的，当然还有许多中方的支持。

王小慧：说到“斯托克别墅”，中国读者对此还比较陌生，那是我最喜欢的私人美术馆之一，尤其喜欢它“装饰风格派”的建筑风格。在上海我们也有许多同一时期的“Art Deco”风格的建筑。

吾　德：弗朗兹·斯托克（Franz Stuck）是“青年风格派”最著名的画家，他生活在慕尼黑，还在这里建了他的别墅，一座真正中产阶级的宫殿。他称自己为“画家王子”。这座宫殿是一个纯艺术作品，在这座宫殿里，建筑、内饰、绘画和雕塑全部结合在一起，构成一个“青年风格派”的艺术作品。这座别墅现在变成了一个博物馆，它致力于二十世纪第一个十年的艺术。

“现代上海”展现的是远东与西方之间的文化交流是如何起步的。这个项目是我支持的，上海市市长韩正在前言中特别强调了三位上海名人：作家鲁迅，中国现代木刻艺术和版画的推动者；画家林风眠，宣纸上的水彩画令人陶醉；刘海粟，油画和水墨画的代表。这个展览让人注意到文化交流的生动性，直到德国纳粹和中国内战结束了那种交流。

在这之前，中国可以通过一些在欧洲四处游历的艺术家了解到印象派、立体派、超现实主义和表现主义。同时，欧洲的观众也可以看到中国的绘画作品和绘画技法，1934 年就有两百五十幅中国画在德国展出。当我在美术馆里看到鲜红的大画册，上面还有韩正市长和我题写的前言时，我真的非常高兴。

王小慧：回到博览会，听说你们不仅在上海，在北京也有合作伙伴，所以你也常去北京视察这个合作企业。

吾　德：是的。在北京也有一个合资企业叫“京慕”，这是由“北京”的第二个音和“慕尼黑”的第一个音组成的。这个缩写代表了慕尼黑博览会在北京的分公司，它在中国地区为慕尼黑招揽了诸多参展商和观众，并获得了巨大的成功。

在展览馆建设的很多方面，北京把慕尼黑博览会作为模板。去年展览中心新馆的建设：展厅的安排、大堂建筑、礼堂之间的空地、展厅之间的配送区，地下的家装服务——所有这些都让人立刻联想起了慕尼黑博览会，北京这里采纳了我们很多建议。这是一项双方互利的合作。

在北京召开的一个大型国际会议上，我受到了中国政府的邀请，介绍作为博览会城市的慕尼黑。借着这次机会，我们还看到了北京奥运场馆在逐步建成，这个大工程有那么多的人一起合作，这令我们印象颇为深刻。“鸟巢”在建造期间就已经令人敬佩了。不过，值得一提的是，慕尼黑在北京之前就已经委托瑞士建筑师赫尔佐格（Herzog）与德·梅隆（De Meuron）建设了一个体育场。我们的足球体育场也是令人骄傲的。

王小慧： 你们来的最多的还是上海。

爱迪特： 是的，因为我们喜欢上海，也因为上海有你在。

王小慧： 我很感谢你们。第一次是为了我在同济大学的工作室开幕剪彩，那时我刚回上海，你们对我来说就好像是送亲人回娘家一样。克里斯蒂安与我们同济大学的周家伦书记一起揭幕，在新天地一号会所还举办了一个别开生面的派对。

爱迪特： 那座一号会所是古色古香的老房子，典型的上海老房子，给人留下的印象很深。经你的安排，在歌德学院的一个摄影展上展出了我的摄影作品“人与猫”，我才有机会把猫的特质和猫与人之间的亲密关系展示给中国朋友。

后来，我们去了你出生的城市天津。在那里吾德被授予南开大学的客座教授，并请他作了有关德国城市情况和发展的报告。

吾　德： 在那里，我的幽默赢得了阵阵掌声。我和大家讲述，当在污染的空气中越来越透不过气时，我们如何来疏解和挽救被压垮的城市交通。第一个答案所有学生都明白：建造更多的地铁。但我说第二个答案的时候，他们都笑了：多骑自行车。这在一个使用自行车多于汽车的国家讲这样的话肯定会引起哄堂大笑，因为所有人都梦想自己能有一辆汽车，但我说得非常认真。当然我们乐于看到中国人过得富裕且舒适，这些也是我们自己所希望的。

如果北京也像慕尼黑，居住人口的百分之七十都有车，该是什么样的状况呢？在一个三千万人口的城市有两千一百万辆车。对于这么多车，车库、停车场还有那些所需的道路空间应该设在哪儿？在日益严重的交通拥堵中该怎么前进呢？公路交通有其局限性，这不仅涉及到钢材以及石油价格、排放量，直截了当地说还有路面。如果在一个城市里，所有人都开车，交通就会瘫痪，车子就会被车子堵住。所以，无论如何我都主张：应该快速扩建舒适、便捷的地铁系统，而不是把过多的钱投入路面交通，或不断增建高速公路以及桥梁工程。我认为，这也很符合2010年上海世博会“城市，让生活更美好”的主题。

王小慧：在中国的城市里，你们喜欢些什么？

吾　德：重新发现和保护那些被遗忘和丢失很久的古文化。

爱迪特：来北京旅游的人都想去紫禁城，那是一座伟大而了不起的建筑。另外，天津博物馆本身就是一个非常出色的当代建筑，馆内有好几个世纪以来的珍藏，这些都让我们很意外，使我们目瞪口呆。

吾　德：2008年北京奥运会的开幕式也让我非常惊讶。我与许多国家元首一起应邀参加开幕式，虽然天气太热，即使服务员搬来了许多冰块用于降温，其效果也微乎其微。当时中国国家最高领导也在场。我在现场观摩，因为慕尼黑申请了2018年冬奥会，我们要向你们取经。北京奥运举办得非常成功。我认为，西方一些媒体对待这场奥运会的评价不太公平，他们提出了很多过分的要求，好像奥运会能一举改变世界一样。北京奥运会有许多卓有成效的事情，那些其他国家还办不到，从某种程度上来说我是一名记者。

王小慧：我看到了，记得那天晚上我们一起吃饭，你接了一个长长的电话。回来后你说，你给德国报纸写了篇报道，由你口述，增加了一些内容。

吾　德：我在德国报纸上是这么写的。标题为《市长吾德——吾德的北京笔记》：

在两千名鼓手振聋发聩的节奏中，在舞者完美的舞蹈动作中，在观众高亢的热情欢呼中，但最重要的还是，当李宁沿着体育场屋顶跑过所有人去点燃巨大的火炬时，这场面令我非常震惊。

庆祝活动生动地展现了一个与众不同的中国。开幕式演绎了一个多民族的东道主国家，而且庆祝活动本身也赞颂了中国跨越几千年的历史文化。用最现代的表现手法保护了传统——在这样一个国家里，甚至几十年前还对诸多传统的继承进行禁止、打倒以及推翻。这难道不是进步?!

这个城市也改变了，我不是指诸如旗帜和鲜花装饰围墙和载歌载舞的场面，这些都最终会消失，但百万棵树木和灌木围绕起了几乎所有的主干道，这些都被保留了下来。去看划船比赛的旅程像去郊外游玩一般。去年这里还很荒凉，但如今数不清的污染企业也一去不复返了。

在另一篇报道中我还写到了北京的奥运村。

奥运村制定的标准在整个中国，可能看起来像一个新的住宅区：单调的高层建筑不再是未来的榜样，而是变成了经过规划的生活社区，大楼层高适当，里面还有绿地和溜冰场。德国奥林匹克体育联合会的萨宾娜·佐尔（Sabine）要照顾八个奥运比赛项目中的所有德国运动员，她体验到，“从来没有见过如此大气而漂亮的运动员村”。

王小慧：不止对古文化的保护，这些新的发展也同样吸引你们吗？爱迪特：当然是。这种动态的变化是非常惊人的，对于欧洲人来说几乎不能相信。不仅在非常特别的上海，北京这几年的发展也突飞猛进，还有天津。这些主题对于一个摄影师来说也很具诱惑力。我写了一本有关莫斯科的书，《变迁中的城市》。上海的变化发生得更快。“旧与新”，旧事物与新事物的对抗，这个主题一直吸引着我。我们对旧事物心怀感激，但对新事物更充满欣喜。

王小慧：举个例子呢？

爱迪特：我们不喜欢高架道路，它们由老式居民楼的第四、第五层向外延伸。我们怀念有些老住宅区，但也必须切合实际地看到，老住宅区的建筑材料有多差，卧室有多小，卫生条件有多可怕。只有偶尔去旅游的人才会热情洋溢地谈论老北京胡同里的生活，

慕尼黑凯旋门前的节日马车

他们喜欢用相机拍下这些风景如画的场景，但肯定不会真的愿意住在那里。当然人们还希望新的住宅区可以保持不断提高的生活质量、社会的凝聚力以及像原来那样在生活上互相照应的邻里关系。如果为了满足现代生活的要求，那些建筑物就必须要得到修复，拆迁和重建也是不可避免的。但如果突然要他们远离邻居去一个陌生环境，这对于许多老人来说可能是痛苦的。

吾　德：这也是我在演讲里说过的：建筑文物保护不应该只保护那些建筑物，还需要社会的团结，各聚集区的联系以及人们之间的互助。

爱迪特：在城市重建中保持人与人之间的关系，保持不断增进的邻居关系，这些想法要在中国进行宣传。

吾　德：在慕尼黑，我们做了一个很好的榜样。慕尼黑市郊有一个三十年代造的住宅区，造价相当便宜、速度相当快、用的也是最简单的材料。尽管如此，人们还是很喜欢生活在那里，因为租金很便宜，而且与那里的邻居已经建立起了友谊，门前的花园里种了灌木和树，甚至还种了蔬菜。起先，城市想拆除这个住宅区，用新建的房子来取代。于是，当时那里的租户就找到我这个律师寻求帮助。

爱迪特：那个时候，我作为市政厅的市议员，为那些真正想留在那里的租户积极争取，因此我也就交到了很多朋友。

吾　德：这件事发生在八十年代末。几个月之后我成为了副市长以及主管城市社区的监事会主席。于是我遇到一个有意思的情况：我不得不给自己写信！当律师和当副市长想问题的角度完全不同。我在当律师时写道：“租户们想要住在这里，他们不要奢华，只要安宁的生活！”作为副市长，我必须回答：“这是完全可以理解的，但建筑物的住房条件已经太差了。地下室会发生坍塌，房间也太小，没有浴缸，这样的公寓在将来是不能出租的！”后来，“律师”与“副市长”还是达成了妥协：如果一排房子的租户都搬空了，那必须拆除，然后新建更高质量的房屋，但还是会和老房子保持一定的相似度。两排房子之间的花园会保留下来，这已是小区的特征了。

如果租户愿意，他们可以回到老地方的新房子里，和他们的邻居住在一起，就像从前那样。租金当然要贵一些，但还是在接受范围内的。所以我们认为，北京的许多胡同区和上海的老式居民区可以连同那里的居民一起保存下来。这些人包括：在屋外玩耍的孩子，相互闲聊的老人，小饭店的厨师，修理工，理发师，工匠，擦皮鞋的人，他们呈现出如此多彩的一幅生活景象，而且彼此也相识已久。

王小慧：你们的想法太重要了。这是中国城市管理者还没想到的。他们只想到拆迁旧房子，建造新房子，但很少想到一个城市社区生活的传承，建设中没有以人为本，没想到居民生活的延续，否则，这个城市生活的历史就中断了，只留下了一个空壳。这其实是中国新建城市都将面临的问题，只是还没有人想到。

爱迪特：你带我们去看过上海郊区的一座新城安亭。几年前，那里还看不到什么东西，只是一块杂乱的建筑工地，中间是一个废弃的农场和一个施工棚。如今我们再次去那里，让人感觉很不同，一下子就想起了慕尼黑的新建住宅区。

吾　德：这个新城也被称作“德国城”，因为那里的总体规划是来源于著名的德国建筑师艾伯特·施佩尔（Albert Speer）。他在慕尼黑也曾经帮助过我们，为新建的足球场找到了位置，而且他现在正帮我们规划和筹备 2018 年奥运会的所有建设项目。在我们最近一次参观安亭时，我们对汽车博物馆也有一定的印象，因为这个全新的城区确实还有一个问题，能够谈的过去很少。安亭通过它的博物馆讲述了汽车的历史。

爱迪特：这一次我们开车去了老安亭，那里有一条老运河和一座有几百年的老桥，还有一些老房子，一座重建过的雄伟宝塔，周围还有一座很大的寺庙。我们欧洲的游客总喜欢寻找这些反映中国文化和历史的地方。杭州给我们的印象很深。

王小慧：我们一起去过几次杭州。

吾德市长指挥巴伐利亚的乐队

爱迪特：印象最深的是2004年那一次，你受杭州市政府的委托，邀请十位德国摄影师参观杭州和周边地区一周的时间，然后通过自己的视角用照片记录下来。我非常感谢你可以让我一起参与其中，并为我们每一个人都配了司机和翻译，特别还为我们安排了熟悉地方情况的随行人员和摄影师，让我们考察了不同的地方。我觉得这个想法很了不起，这对于我们来说还是首次，从未有过这么出色的工作条件。而且，这对于一个城市来说也很了不起，它那么有气度，任陌生人来参观和描绘。

当地的摄影师知道自己的城市哪里被视作名胜，哪里是游客向往的地方。这些都在书中展示过，对杭州来说就是：西湖、湖滨公园、历史建筑、宝塔。但还有很多其他地方令我们流连忘返：农村的生活，尽管也许游客不会到那里去。一些农民们面带微笑在街边卖橘子，还有卖蔬菜的从自行车上拿出萝卜来卖，还有磨剪刀的师傅，他们的工具都放在随身推着的自行车上。还有百货公司的模特，还有透过橱窗可以看到中国的室内设计，还有我们不知道的茶园，大广场上的太极拳，公园里一对一对跳舞晨练的人们，等等等等，这些只是一部分例子而已。

我还拍下了杭州西溪国家湿地公园形成的历史，我觉得特别棒。2004年那里还是一团乱，脏水、建筑垃圾随意堆砌在岸边。当时到处在大规模地施工、挖掘和种植，这些都令人印象深刻。2009年吾德和我再次去了杭州，我们大吃一惊，那里完全变成了天堂，一个有水道流经的巨大的生态公园，可以坐着老式的木船在里面航行。在岸边可以看到一个丰富多彩的动植物世界，它们在那里可以不受干扰地生长。我们真的非常兴奋。

王小慧：现在中国政府与过去不一样了，比过去自信了。过去不敢让外国人参观，限制外国人的自由活动，现在却反过来邀请外国人来看。你愿意怎么看就怎么看，愿意怎么写就怎么写，这样我才愿意做这个桥梁。杭州这次活动双方都表示很满意：杭州方面还把你们拍的照片汇集成册出版，作为市政府礼品送给外宾。去年春天，杭州的蔡奇市长去欧洲访问，希望我帮忙安排他去慕尼黑的事务，你那么忙还抽时间接见了他们。秋天，你们来上海，又去回访了蔡奇市长，这样的互相交流是我希望看到的。

吾　德： 去年与杭州市市长蔡奇的那次会面中，我们约定，慕尼黑与杭州将来要在如何显示出两个城市的特殊优势领域共同合作。因为有一些很有趣的相似之处：这两个城市都是著名的旅游城市，都有很好的生态环境，此外还有重要的创意产业。如果两座城市要进行文化交流，那么进行旅游业上的交流是最容易的。

王小慧： 我们见面总是很有趣。去年你们来上海那天，又正好是吾德的生日。在我上海的家里，我给了你们一个意外的惊喜。我筹办了一次地道的中国式生日晚宴，当然也少不了你喜欢的面条了。

吾　德： 我一直不能忘怀你的上海面条的滋味，我得为上海多做些工作了。因为从 2009 年开始，我还成为了同济大学的顾问教授。有八百名学生在“生活在慕尼黑”的报告会上听了我的演讲，许多学生自始自终站在走道甚至门外听讲，这真的很让我感动。以后，如果我再回上海，将会做更多的讲座。上海世博会的口号“城市，让生活更美好”，是我们生活的座右铭。

图书在版编目（CIP）数据

东不成西不就／王小慧著．—北京：人民文学出版社，2012
ISBN 978-7-02-009080-8
Ⅰ．①东…　Ⅱ．①王…　Ⅲ．①王小慧—访谈录
Ⅳ．①K825.7
中国版本图书馆CIP数据核字（2012）第046992号

责任编辑： 付艳霞
选题策划： 雅众文化
文学统筹： 方雨辰
陈希颖
封面设计： 瀚　愔

感谢方宁提供照片

东不成西不就
王小慧 著
人民文学出版社出版
（100705　北京市朝内大街166号）
山东临沂新华印刷物流集团有限责任公司印刷　新华书店经销
字数：170千字　开本：660×940毫米　1/16　印张：14
2012年7月北京第1版　2012年7月第1次印刷
印数1-15 000
ISBN 978-7-02-009080-8
定价：29.80元